Giorgio Renato Franci

L'INDUISMO

il Mulino

ISBN 978-88-15-07572-7

Indice

Avvertenza

In questo libro, in cui ho cercato di tracciare un'introduzione estremamente sintetica al mondo delle idee e delle esperienze spirituali e cultuali della grande maggioranza delle popolazioni indiane, il termine India è generalmente usato nel senso geografico e culturale di regione fisica e antropica (detta anche Asia meridionale). Per i termini indiani ho seguito la traslitterazione scientifica; per la pronuncia di quelli vedici e sanscriti valgano almeno queste indicazioni essenziali:

ā, *ī*, *ū* sono vocali lunghe, in teoria di durata doppia delle corrispondenti brevi; *ai, au, e, o* sono dittonghi (*e* e *o* dittonghi chiusi, da pronunciare come le corrispondenti vocali chiuse italiane); *c* è palatale: quindi *cakra* si pronuncia «ciakra»; *ḍ*, *ḍh*, *ṣ*, *ṭ*, *ṭh* sono consonanti retroflesse, pronunciate con la punta della lingua volta un po' all'indietro, cfr. il siciliano *bedda*; *g* è sempre gutturale, anche davanti a *e* ed *i* (per esempio *Gītā* si pronuncia «ghita»); *h* è un'aspirazione, che va fatta sentire (anche quando la *h* segue consonanti come *c*, *g*, *j*, *k*, ecc.); *ḥ* è una spirante, come *ch* nel tedesco *Fach*; *j* è la nostra g palatale, anche davanti ad *a, o, u*: per esempio *jāti* si pronuncia «giati»; *ṃ* e *m̐* indicano un suono nasale; *ṅ* è la nostra *n* gutturale di *ancora*, *ñ* la *n* palatale di *angelo*; *ṇ* è la nasale retroflessa (vedi quanto detto per *ḍ*, ecc.); *ṛ* è una vocale (come nel nome serbocroato di Trieste: Trst); *s* è sempre sorda, come in *sole*; *ś* è una sibilante palatale, resa in italiano col digramma *sc*: Śaṅkara si pronuncia «sciankara»; *y* è la *i* di *ieri*; infine, l'accento va posto sulla prima sillaba lunga che s'incontra procedendo dalla fine della parola verso l'inizio, escludendo l'ultima sillaba e non potendo risalire oltre la quartultima: sono lunghe le sillabe con vocali lunghe o dittonghi e quelle in cui una vocale breve è seguita da più consonanti. Non ritengo necessarie indicazioni per i termini propri di altre lingue indiane, pochissimi nel libro.

Premessa

Una realtà complessa

Spesso si dice che gli indiani sono in maggioranza induisti, e l'affermazione è sostanzialmente corretta sia che ci si riferisca alla popolazione della regione indiana nel suo complesso, sia che invece si faccia riferimento agli abitanti dell'India in quanto stato. I dati statistici più recenti per la Repubblica indiana dicono che gli induisti costituiscono oltre l'80% della popolazione. Niente di nuovo, del resto: da quando è avvenuta la separazione tra l'India e il Pakistan, l'induismo ha assunto stabilmente una posizione di larghissima maggioranza in questo paese multietnico e multireligioso.

Dire, senza premettere qualche chiarimento, che l'induismo è la religione della grande maggioranza degli indiani potrebbe invece non essere altrettanto corretto. Perché dell'induismo come di una religione si può parlare soltanto dopo alcune precisazioni preliminari o mettendo le mani avanti con un'esplicita ammissione di consapevole genericità. Perché...

Innanzi tutto l'induismo non è una religione fondata: non deve l'origine alla figura, reale o mitica, di un essere umano o divino e, contrariamente alle grandi religioni fondate, non ha un contenuto dottrinale, anche solo nelle intenzioni, unitario, non ci sono dogmi: e non c'è una chiesa che ne sia depositaria e garante autorevole. Coesistono le posizioni più diverse: quando si pensa di aver trovato un elemento unificante specifico, salta subito fuori qualcos'altro che smentisce questa illusione.

Non è necessario credere in un dio o in più dei per essere induisti: si può esserlo anche essendo atei.

Secondo alcuni per essere induisti bisogna credere alla verità dei testi sacri delle origini, il *Veda*: un criterio non privo d'importanza, ma, a parte che il contenuto del *Veda* è molto eterogeneo e che il richiamo al *Veda* è spesso generico, sta di fatto che gli appartenenti alle classi sociali inferiori, cioè enormi masse di induisti, non possono fare del *Veda* la base effettiva della loro esperienza del sacro perché sono esclusi dalla sua conoscenza. Inoltre, qualche maestro si è espresso in termini di grande distacco dal *Veda*, pur restando induista. E allora?

Vari studiosi hanno posto in rilievo il fortissimo peso dell'ordinamento della società in caste, fino a farne un elemento essenziale per l'identificazione dell'induismo. Anche in questo c'è del vero, ma la tendenza a organizzarsi in gruppi ereditari chiusi ordinati su scala gerarchica, cioè, comunque li si chiami, in vere e proprie caste, è tipica della società indiana in generale, dato che coinvolge anche aderenti ad altre religioni. Per di più, da qualche tempo vari induisti si dichiarano totalmente estranei o anche contrari al sistema castale. Del resto, atteggiamenti, se non di opposizione, almeno di indifferenza di fronte alle caste, o a certe norme connesse, sono presenti da secoli nella tradizione della *bhakti* (la devozione amorosa per un dio).

A volte si dice che l'induismo è la religione di tutti quegli indiani che non si sono convertiti ad altra religione, o che non discendono da indiani convertiti ad altra religione. Molto probabilmente questa definizione per esclusione non è sbagliata, ma non dice molto di positivo. Induisti abbastanza colti definiscono l'induismo un modo di vivere, il loro modo di vivere. Il contenuto di informazioni che ci viene da questa definizione è modesto, ma almeno ci mette sulla strada buona. Ci porta più vicino a una comprensione meno schiava delle nostre categorie culturali, di cui una, formatasi nel mondo mediterraneo, è appunto quella di religione, troppo legata a nostri valori e modi di pensiero per poter «funzionare» senza difficoltà se trasferita di peso ad altre culture: l'induismo, più che una religione, è una cultura in senso antropologico, cioè un insieme di tradizioni, usi, valori, credenze, trasmesso, trasformato e accresciuto, attraverso le generazioni, tra quelle genti dell'India che, per scelta personale o per educazione familiare, non hanno aderito ad altre tradizioni spirituali.

L'induismo visto dagli induisti

Il nome «India» è di origine straniera. I primi popoli a entrare in contatto con quelli che poi sarebbero stati chiamati indiani furono i loro confratelli iranici, i cui antenati avevano avuto in comune con quelli degli indiani tanta parte della loro preistoria, prima di stanziarsi nelle sedi in cui li troviamo rispettivamente attestati nelle prime fasi della storia. Gli iranici chiamarono India il paese attraversato dal grande fiume Indo (in antico indiano *sindhu*, nome comune per «fiume» in genere, e poi nome proprio di questo fiume): in seguito il nome India si è diffuso in Occidente. Induismo deriva da *hindû*, termine di origine persiana usato per designare genericamente gli indiani non convertiti a religioni differenti, e in particolare all'islamismo. Ma questo non è il nome indiano tradizionale dell'induismo. Gli induisti preferiscono parlare di *sanātana dharma*. *Sanātana* significa «duraturo», «perenne». La parola *dharma* è molto più difficile da abbracciare nella sua interezza, e comunque non ne sussiste un equivalente singolo di pari ampiezza semantica nella nostra cultura, che ha seguito linee evolutive ben diverse, giungendo a distinguere, anche se non sempre nettamente, tra religione, moralità, diritto, legge, doveri. *Dharma* è tutto questo, un insieme in cui, a seconda delle singole situazioni, ai nostri occhi balzano in primo piano ora l'aspetto giuridico, ora la moralità individuale o di gruppo. Ma in effetti si tratta di una realtà indivisa.

Per gli *hindû* tradizionalisti l'induismo è una realtà immutabile: spesso l'equivalente in lingua occidentale che viene proposto per *sanātana dharma* è «legge eterna del mondo», cioè la verità spirituale, o l'insieme delle verità spirituali, che sovrasta, come principio di ordine supremo, il fluire del tempo.

Tradizionalmente gli indiani concepiscono il tempo come un divenire ciclico senza principio e senza fine: in questo scorrere continuo il *sanātana dharma* sta, soprattutto secondo i seguaci di certe scuole, come un'immobile pietra miliare. Questo modo di intendere l'induismo non è in accordo con i risultati conseguiti dalla scienza indologica. Tanti decenni, ormai, di ricerche specialistiche e di riflessioni critiche ci portano – col massimo rispetto per l'induismo, ma anche per la verità, o almeno per un onesto probabilismo storico – a vedere l'induismo come una realtà storica imponente, multiforme, articolata nel tempo e nello spazio.

I tempi e lo spazio

Nel corso del tempo l'induismo si è arricchito di nuove forme, ma senza eliminare quasi mai del tutto le più antiche: non c'è stata una rivoluzione di portata paragonabile per grandiosità di effetti al cambiamento religioso epocale che si verificò altrove con il trionfo del cristianesimo o dell'islam – ma piuttosto la coesistenza di tendenze tenacemente conservatrici e di spinte verso l'innovazione (comparsa di nuove idee e dottrine, avvento di nuovi culti, ecc.). E talora la conservazione è più di forma che di sostanza: si può avere devozione per il passato e al tempo stesso dargli significati che originariamente gli erano estranei, cioè reinterpretarlo in una luce diversa;

comunque, col mutare del contesto storico, la sua natura e posizione possono essere solo esteriormente immutate. Tra innovazione magari inconsapevolmente travestita da interpretazione fedele e ben più rari casi di rinnovamento dichiarato, tra ascesa di nuovi culti e talora declino di altri più antichi, l'induismo ci appare come un grande *bricoleur* che non butta via niente, ma conserva e quando è possibile ricicla secondo le nuove necessità.

Oltre che nel tempo, l'induismo è diversificato nello spazio: a un induismo che, a motivo del prestigio e del potere delle classi che se ne sono fatte portatrici, si usa chiamare alto, o, per la sua estensione attraverso tutto il paese, panindiano, e che è quello meglio documentato dalle fonti letterarie classiche, si affiancano tradizioni regionali anche molto divergenti, sia da esso, sia tra loro.

L'induismo si rivela come un insieme di forze in varia tensione. È grande merito della cultura indiana e, nel caso specifico, dell'induismo se queste tensioni e i contrasti ideologici non hanno impedito, almeno fino a tempi recenti, la tolleranza e il rispetto nei rapporti interconfessionali, dando vita a una sorta di laboratorio sperimentale di coesistenza e dialogo sul piano delle dottrine e dei rituali (molto meno, purtroppo, su quello della vita pratica, dominata da un controllo sociale molto rigido). Tante e molto eterogenee sono le forze concorrenti e comunque presenti sul campo: gruppi di seguaci di qualche maestro, pellegrini, ritualisti per i quali la corretta esecuzione del sacrificio è tutto, e mistici appassionati; nonviolenti e seguaci di una sacralità violenta fino, in casi estremi, al sacrificio umano; saggi distaccati (ma non sempre distaccati dall'affermazione della superiorità del loro distacco), asceti casti e per converso orgiasti, ecc.

Le varie forme e correnti dell'induismo si sono diffuse nei modi più vari, con grande forza dinamica: per esempio grazie alla predicazione di maestri itineranti, o mediante conversioni da una corrente spirituale a un'altra, oppure vedendo in qualche dio di santuari minori una manifestazione di un dio superiore, che così lo assorbiva; si sono propagate attraverso le feste, i pellegrinaggi, i mezzi di comunicazione di massa di cui si disponeva nelle età pretecnologiche, come i poemi epici, le recitazioni e talora gli spettacoli poveri dei poeti di strada, attraverso i canti e le danze, gli insegnamenti e le discussioni dei filosofi, e per tante altre vie.

1. *Il «dharma» senza tempo nel tempo*

Proprio per questi suoi caratteri è necessario prestare attenzione alle differenziazioni nel tempo dell'induismo, partendo dalle fasi più antiche, anche se potrebbero apparire troppo lontane per avere un'influenza effettiva.

Un'alba dimenticata

Il subcontinente indiano è stato abitato fin dai tempi più antichi, non sappiamo se in modo continuativo. Sulla scorta delle testimonianze di cultura materiale che ci sono giunte, e sulla base di confronti plausibili con esseri umani di livello simile in altre culture, si può tentare un quadro pur generico delle condizioni di vita, ma ben più arduo è il compito di definire, sulla base di reperti ossei, le idee, le credenze, i valori. Comunque, la maggioranza degli specialisti concorda nel ritenere probabile qualche forma di rapporto spirituale e pratico con realtà sentite come sacre.

Questo clima di incertezza si dissolve quando ci si trova di fronte a una delle più grandi manifestazioni della protostoria, la cosiddetta cultura dell'Indo (perché sorta nel suo bacino) o vallinda, chiamata anche di Harappā o di Moheñjo-ḍaro, dal nome dei due centri principali. Si tratta di una grande civiltà urbana, scoperta negli anni '20 del nostro secolo, e fiorita all'incirca tra il 2500 e il 1800-1700 a.C., per poi entrare in una rapida decadenza, forse per ragioni di carattere climatico. Al suo apogeo questa civiltà si estendeva su una vastissima area, con numerosi centri cittadini, edificati, più o meno, secondo il modello delle città più importanti, con strade che si incontravano ad angolo retto, costruzioni in mattoni, impianti per lo scolo delle acque, ecc: il che fa pensare che un gruppo dirigente, forse sacerdoti, abbia imposto il rispetto di norme urbanistiche e igieniche.

Purtroppo la civiltà dell'Indo non ci parla con perfetta chiarezza perché sulla lingua allora usata sappiamo ancora troppo poco. Ci si deve dunque fondare su testimonianze di carattere materiale, quali il cosiddetto grande bagno di Moheñjo-ḍaro, usato forse per abluzioni rituali a scopo purificatorio, come ancora oggi nell'induismo, oppure le numerose raffigurazioni di personaggi femminili, spesso in connessione con animali fecondi: per lo più si pensa che siano dee madri. Due immagini soprattutto meritano una segnalazione per la loro singolarità. Innanzi tutto un uomo che porta la barba, cosa non comune, e indossa un abito decorato con un motivo a trifogli. Tiene gli occhi socchiusi come fanno in certi stati di concentrazione i seguaci dello *yoga*: l'ipotesi suggestiva è che siamo di fronte alla prima immagine di meditante della storia. Un sigillo, poi, raffigura uno strano personaggio circondato da animali, in parte vere e proprie fiere. Per quanto le ridotte dimensioni ci consentono di vedere, siede a gambe aperte con le ginocchia volte all'esterno in direzione opposta e i calcagni che si toccano (un modo di sedere tutt'altro che facile) e forse ha tre facce; porta uno strano copricapo costituito, per così dire, da due mezze lune che hanno una parte comune al centro. La tranquillità di cui dà prova restando seduto fra elefanti e tigri, il modo stesso di sedere che non pare proprio usuale anche per chi non conosce le sedie (ma non si può essere drastici: bisogna anche tener conto di possibili incertezze nel disegno), tutto questo ha motivato un'ipotesi suggestiva: che sia una raffigurazione arcaica del dio induista Śiva, il quale è considerato un grande cultore, anzi il signore, dello *yoga*. Śiva è chiamato anche Paśupati, che significa appunto «signore degli animali»: a dire il vero, *paśu* è soprattutto l'animale domestico, e l'interpretazione corrente di quest'epiteto lo intende simbolicamente come signore delle anime ancora legate all'ignoranza e al peccato; però potrebbe essere un significato secondario. L'ipotesi pare abbastanza plausibile: va comunque onestamente notato che quello che a tanti sembra un essere umano un po' speciale di sesso maschile a qualcuno pare di sesso incerto, o addirittura un toro assiso.

Questa civiltà implose su se stessa per ragioni sulle quali si discute tuttora. È probabile che quando giunsero in India le genti cui è attribuito il *Veda* la sua decadenza si fosse praticamente consumata.

La confluenza dei fiumi: «ārya» e non «ārya»

L'induismo è come un grande fiume nato dalla confluenza di fiumi minori di diversa origine. Tra le sue componenti non vanno dimenticate quelle di origine straniera, di cui però spesso è difficile valutare l'importanza. Gli stranieri sono generalmente considerati barbari (*mleccha*, anche *barbara*), impuri da tenere separati dalla società induistica, ma la realtà storica dev'essere stata molto più complessa, permettendo a più riprese l'inserimento nell'induismo di popoli «esterni»: tra gli antenati dei guerrieri *rājpūt* dal leggendario valore figurano perfino gli invasori unni. E poi le idee si mescolano molto più liberamente degli uomini, i rapporti commerciali, i viaggi, ne favoriscono la diffusione. L'induismo, non certo riducibile alla somma aritmetica di questi apporti, è un processo di sintesi sempre *in fieri*.

Gli indiani, che avevano scarso interesse per la storia precisa dei singoli avvenimenti, a quanto sembra hanno ignorato, o ben presto dimenticato, l'origine extraindiana e soprattutto la storia più remota di coloro che si definivano orgogliosamente *ārya* («nobili» o forse «ospitali», cioè dotati di virtù molto apprezzate nel mondo antico). Gli altri erano gli *anārya*, cioè i «non *ārya*», chiaramente disistimati. Ma chi erano gli *ārya*?

Solo all'inizio dell'800 è stato possibile dimostrare e poi sempre meglio ricostruire l'esistenza di una grandissima famiglia linguistica, cioè di un insieme di lingue legate geneticamente, la famiglia indoeuropea, che, prima dell'epoca delle grandi scoperte geografiche che l'avrebbero portata in tutto il mondo, si estendeva dall'India e dall'Asia centrale, in Oriente, fino all'Islanda e alla Groenlandia, in Occidente.

Il passo dal riconoscimento della parentela linguistica all'ipotesi di una parentela etnica era logico. Si delineò il quadro di popoli chiamati indoeuropei che dalla patria originaria (forse la Russia meridionale) si sarebbero diffusi grazie a una forte superiorità militare fino alle sedi in cui sono attestati all'inizio dei tempi storici. E mettendo a confronto gli elementi comuni o paragonabili nella fase arcaica delle lingue più antiche si sono individuati i tratti principali della cultura indoeuropea, la vita sociale, le idee, i riti, ecc. Oggi, dopo vari decenni di studi, si è più consapevoli del rischio di identificazioni frettolose, ma da questo ad accettare la posizione di quegli studiosi indiani che, convinti che nulla di essenziale nella loro storia sia giunto dall'esterno, negano l'origine extraindiana degli indoeuropei di India, molto ci corre.

Tra le lingue indoeuropee antiche, quelle degli indiani e degli iranici sono più strettamente legate. Un'identificazione etnica di coloro che le parlavano, appunto gli *ārya*, appare legittima in ragione dei documenti più antichi: per l'India, i testi del *Veda* che, composti in una lingua innegabilmente imparentata con lingue indoeuropee extraindiane, documentano forme linguistiche di origine esterna e quindi la probabile provenienza extraindiana degli utenti originari di quella lingua.

Una notevole massa di dati consente di cogliere svariati elementi delle concezioni e tradizioni indoeuropee. Per esempio l'idea del divino come realtà celeste: la sua massima manifestazione era rappresentata dal cielo luminoso sentito come sovrana potenza paterna. Di altre divinità possiamo riconoscere con buona fondatezza l'esistenza in epoca indoeuropea: un dio della pioggia, uno del sole, uno del fuoco, ecc. Possiamo ricostruire concezioni relative al destino dell'uomo, contrapposto in quanto mortale agli dei immortali, concezioni relative al cibo o bevanda d'immortalità, appannaggio degli dei e miti vari. È stato anche possibile ricostruire l'ossatura di un linguaggio poetico-sacrale. Il francese Georges Dumézil (1898-1986) ha colto nel pantheon indoeuropeo l'espressione di un'ideologia che traspone in cielo una tripartizione della società: il sacerdozio e la connessa regalità sacro-magica, la funzione guerriera, quella produttiva di beni (ricchezza, fortuna). Da queste origini la cultura indiana, soprattutto nelle fasi più antiche, ha tratto semi importantissimi.

Dopo la separazione dagli altri popoli indoeuropei, gli antenati di indiani e iranici devono aver trascorso un lungo periodo insieme, come attestano non solo numerosissime corrispondenze linguistiche, ma anche miti e rituali: però il mondo iranico fu poi permeato dalla predicazione di Zarathustra, che introdusse un rovesciamento di rapporti, per cui ad esempio i *deva*, gli «dei» indoiranici, decaddero a esseri demoniaci.

In vari documenti trovati nel vicino Oriente compaiono nomi di dei *ārya*, forse indiani, del II millennio a.C., ma sono tracce di un piccolo ramo, presto estinto.

I primi testi

L'induismo si basa, in un rapporto peraltro assai articolato, sul *Veda*, un *corpus* testuale il cui nome significa «sapere», un sapere anche etimologicamente connesso con la visione e che rappresenta la scienza sacra, di origine non-umana. Si tratta di una vastissima produzione letteraria orale e tramandata oralmente per più millenni, attraverso una catena di maestri e discepoli che si facevano a loro volta maestri, con una dedizione e una fedeltà incomparabili. Non sappiamo se all'epoca della composizione del *Veda* la scrittura fosse ignota, molto probabilmente sì nella fase più antica, ma certo la trasmissione orale è continuata anche quando la scrittura era ormai di uso normale per la comunicazione letteraria: l'oralità garantisce meglio la riservatezza del messaggio. Perché il *Veda* è appannaggio esclusivo delle classi alte, soprattutto dei sacerdoti.

Il *Veda* consta di quattro grandi sotto*corpora*, che rappresentano il sapere di altrettante categorie sacerdotali: la scienza degli inni (*Ṛgveda*), dei canti (*Sāmaveda*), delle formule sacrificali (*Yajurveda*), e infine l'*Atharvaveda*, scienza di maghi e stregoni. Si usava parlare di triplice scienza (*trayī vidyā*); il riconoscimento dell'*Atharvaveda* deve esser stato più tardo, probabilmente a causa dei suoi contenuti e forse anche del suo livello meno raffinato. Ciascuno di questi gruppi di testi è ordinato in quattro diversi livelli, grosso modo cronologicamente successivi: le raccolte (*Saṃhitā*) di base, i testi brahmanici (*Brāhmaṇa*), i libri silvestri (*Āraṇyaka*), così detti perché destinati a una recitazione fuori dall'abitato, perché utilizzati da asceti usciti dal consorzio sociale o perché la loro grande potenza sacra ne sconsigliava la recitazione tra la gente, e infine le *Upaniṣad* («sessioni»), testi che contengono, tra materiali eterogenei, dottrine di straordinaria importanza, ma anche resoconti di discussioni, trasmessi con un insegnamento riservato a discepoli selezionati.

Un *corpus* di questo genere non è stato composto in breve

tempo, e neppure raccolto in tempi brevissimi (le due operazioni possono essere di età anche notevolmente diverse, forse in parte si sono accavallate). Gli inni più antichi del *Ṛgveda*, la prima raccolta, forse hanno accompagnato gli *ārya* al loro ingresso in India, costituendone il sapere tradizionale: non era poesia spontanea, ma una scienza trasmessa e difesa gelosamente. In genere si pensa che questa raccolta, che è anche la più importante perché ha fornito la base per gli adattamenti musicali del *Sāmaveda* e in molto minor misura per lo *Yajurveda*, risalga alla seconda metà del secondo millennio a.C.

I *Brāhmaṇa* si occupano soprattutto di rituale, ma presentano anche miti cosmogonici e leggende: propongono una dottrina del sacrificio e della sua forza suprema, cui corrisponde sul piano sociale l'affermazione, non senza contrasti, della potentissima classe degli specialisti del sacro, ai quali la comunità doveva la garanzia della sicurezza e della prosperità. La parte finale di un *Brāhmaṇa* può essere costituita da un *Āraṇyaka*, a sua volta completato da un'*Upaniṣad*.

Le *Upaniṣad* hanno contenuto metafisico e filosofico. Tradizionalmente sono distinte in quanto sezione conoscitiva dalle parti più rituali del *Veda*, la sezione operativa. Costituiscono un genere letterario ancora non del tutto estinto (se ne compongono per esporre le dottrine di maestri contemporanei); quelle canoniche sarebbero 108, ma le vediche, probabilmente del primo millennio a.C., sono solo quattordici.

Con le *Upaniṣad* si conclude la rivelazione vedica, cioè quell'insieme di testi che, visti dai veggenti (*ṛṣi*), ma superiori e non attribuibili a opera umana, sono poi stati ininterrottamente trasmessi da maestro a discepolo in «ascolto» (*śruti*: termine di solito tradotto con «rivelazione», con analogia non perfetta). La visione tradizionale considera questi testi infallibili e concordi, salvo poi fornirne interpretazioni assai differenti: le differenze non stanno soltanto nella mente degli interpreti, ma nei testi stessi.

Si collegano al *Veda*, ma non fanno parte della *śruti*, bensì della tradizione autorevole (*smṛti*), i cosiddetti *Vedāṅga*, le «membra (accessorie) del *Veda*», testi d'integrazione specialistica, e primo avvio delle scienze indiane, per la corretta esecuzione testuale (la fonetica, la grammatica, la prosodia, l'etimologia) e rituale (la geometria per misurare gli altari, l'astronomia per individuare il tempo delle operazioni rituali).

La fase vedica

È soprattutto il *Ṛgveda* a farci conoscere un ricco pantheon. Il mondo divino non è strutturato secondo modalità analoghe alla religione olimpica greco-romana, nella quale si potrebbe dire che prevale una concezione dicasteriale (Marte «ministro» della guerra, Venere della bellezza e degli amori, e così via): gli dei vedici, invece, non soltanto talora si sovrappongono nelle loro funzioni, ma possono essere agenti e oggetto di processi di assimilazione, anche solo parziale (volta a volta possono dire: tu sei parte di me, sottoposto a me, ecc.). Tra queste divinità quella a cui è rivolto il maggior numero di inni è Indra, seguito da Agni. Indra è il dio «nazionale», già importante nell'epoca che precedette lo stanziamento in India. È un gigante fulvo, sempre giovane, di grande forza e audacia, accresciute da abbondanti bevute dell'inebriante liquore sacro (*soma*): ci appare anche ubriaco. Armato di *vajra*, una specie di «martello» o «mazza», di solito è benevolo, ma è ferocemente ostile alle popolazioni indigene: è celebrato come distruttore delle loro città. Attorno a lui un grumo di miti, relativi alla liberazione delle vacche celesti che erano state rubate e all'uccisione del demone Vṛtra. Un tempo gli studiosi vedevano in Vṛtra il demone della siccità e in Indra il dio violento e benefico del temporale e del fulmine; oggi si pensa che le imprese di Indra simboleggino la vittoria primordiale del cosmo sul caos e la fondazione dell'ordine. Una cosa non esclude l'altra.

Agni è insieme il fuoco e il dio del fuoco. Ha molteplici forme: fuoco sacrificale, intermediario tra uomini e dei, quindi anche prototipo celeste del sacerdote, dio atmosferico, ecc., ma anche fuoco che nasce dalle acque. Se ne descrivono la chioma bionda, le molte lingue, le differenti origini, ecc.

Altro dio molto importante è Varuṇa, che dall'alto dei cieli sorveglia con i suoi numerosi occhi, le stelle, quanto avviene sulla terra: chi, anche senza saperlo, non rispetta le sue leggi è affetto dall'idropisia. Drammatica è la condizione di chi, ignaro di colpa, sa però di esservi incorso dato che è punito con il ventre che scoppia. Spesso con Varuṇa è celebrato Mitra («Amico»), l'aspetto chiaro e luminoso della potenza celeste. Le leggi dei sovrani del cielo, e ogni altra legge e comportamento, vanno inquadrate in un ordine cosmico più alto: *ṛta*.

Poche le divinità femminili. Tra di esse, più che altro per la bellezza degli inni che la celebrano, merita una menzione Uṣas, l'aurora, particolarmente attesa e apprezzata dopo le pericolose tenebre della notte. L'accompagnano per il cielo i gemelli divini Aśvin, corrispondenti ai Dioscuri greco-romani.

Molto importanti sono anche Vāyu, il dio del vento, Parjanya, divinità della pioggia, Yama, il primo uomo che ha trovato la via della morte ed è divenuto, in una lontana e sperduta regione, il sovrano del regno dei morti. Caratteristico per il suo aspetto minaccioso è Rudra, un dio distruttore in cui in passato si vedeva la divinizzazione del tifone. Viene blandito con l'epiteto di Śiva («benevolo»): è la prima apparizione, sia pur solo come attributo di un dio minore, del nome di quello che sarà poi nell'induismo postvedico uno degli dei sommi. Compare anche Viṣṇu, per il momento un amichevole dio alleato di Indra, ma destinato, al pari di Śiva, a un grandissimo futuro.

Spesso gli dei compaiono a gruppi, come i Marut, compagni di Indra, come gli Āditya, i figli di Aditi, tra i quali viene nominato anche Viṣṇu, per il momento soprattutto un nome del sole, ma, come si è visto, già con tratti personali. Vari inni sono indirizzati a tutti gli dei. Ma tutto può essere divino: ci sono inni rivolti a piante, a un carro, ecc. Soprattutto è celebrata la bevanda sacra, il *soma*, identificato con la luna, probabilmente perché di colore giallo.

Non sappiamo quale fosse la pianta da cui si ricavava il soma. Sono state avanzate parecchie ipotesi; qualcuno ha sostenuto che si trattasse in realtà di un fungo tossico ma non mortale, l'*amanita muscaria*, che sarebbe stato mangiato da un maestro, il cui corpo avrebbe funzionato da filtro, emettendo poi urina ritenuta sacra, ancora in grado, ma con minore tossicità, di produrre se ingerita fenomeni psichici speciali. Sia come sia, l'offerta e la libagione del *soma*, che ha un corrispondente perfetto nell'iranico *haoma*, e che può essere stato tratto da piante differenti nel corso del tempo, ha una posizione centrale nel vedismo.

Il sacrificio, cruento e non cruento, è il centro dell'esperienza spirituale dell'uomo vedico: sacrificio solenne, celebrato con grande pompa e con la partecipazione di numerosi sacerdoti, e anche sacrificio domestico, in genere compiuto senza necessità di mediazioni sacerdotali all'interno della famiglia. Accanto al sacrificio, lo scongiuro, l'incantesimo, la fattura magica, come ci attesta con ricchezza di documenti l'*Atharvaveda* (formule per conquistare una donna, per entrare di notte in una casa a rubare, ecc.). Il rito andava compiuto con precisione. L'errore costituiva un pericolo, da evitare o «sanare».

I riti non esauriscono l'orizzonte spirituale. Nell'ultimo libro del *Ṛgveda* un inno pone il problema di chi sia il dio signore e origine del tutto al quale rendere omaggio con offerte, un altro ci riporta a uno stato così primordiale che non c'erano né l'essere né il non-essere e conclude col dubbio che su queste remotissime origini non sappia nulla neppure il primo dio. Un altro inno, d'importanza capitale per l'ideologia sociale e non solo, celebra il sacrificio di un gigantesco uomo primordiale che aveva mille teste, mille occhi, mille piedi. Dal suo smembramento sarebbero nati gli uccelli, le raccolte vediche, i cavalli, i bovini, le capre, le pecore, la luna e il sole, le direzioni dello spazio, le suddivisioni fondamentali della società (*varṇa*): dalla bocca i sacerdoti, dalle braccia i nobili guerrieri, dai fianchi gli uomini dediti ad attività produttive, dai piedi i servi. Si consacra così la disuguaglianza sociale come espressione di un ordine immutabile, mentre su di un piano più alto s'instaura un rapporto diretto uomo-cosmo per qualche verso simile a certe concezioni occidentali, ma inverso: all'uomo-microcosmo del nostro pensiero rinascimentale in India corrisponde l'idea di un universo-grande uomo, quindi la prospettiva di una misura umana estensibile fino all'infinito.

Si usa classificare il contenuto dei *Brāhmaṇa* in norme e spiegazioni: vi si trovano opinioni teologiche, etimologie più o meno fantasiose, ma importanti se e in quanto credute vere, e narrazioni destinate a fortunati sviluppi, come per esempio la storia del diluvio o dell'eroina Śakuntalā. Vere fondamenta del pensiero e della scienza delle età successive, i *Brāhmaṇa* si incentrano sulla dottrina del sacrificio, come origine e forza suprema dell'universo, anche se in essi compare come dio cosmogonico Prajāpati («Signore della progenie»). Intanto gli altri dei perdono d'importanza. Questo processo che caratterizza, anche se non univocamente, la seconda fase dell'induismo (spesso chiamata brahmanesimo), ha una grande rilevanza: perché di questi dei che impallidiscono è facile e opportuna l'identificazione-unione in Prajāpati, a sua volta identificato con il *brahman*, la forza che sprigiona dal sacrificio ben compiuto e dalla parola sacra ben recitata, e che assurge al livello di realtà assoluta, universale. La rete di omologie che collega le diverse apparizioni del reale trova il suo culmine in questa identificazione suprema. Gli *Āraṇyaka* continuano lo stile e i contenuti dei *Brāhmaṇa*, lungo una linea di interiorizzazione meditativa del sacrificio.

Purtroppo non sappiamo ricostruire con sicurezza le fasi della storia spirituale indiana più antica. Al di là di questi libri preziosi ci deve essere stato molto altro: per esempio persone che preferivano approfondire interessi più meditativi, rivolgendo la loro attenzione al respiro, percepito come forza vitale del singolo e dell'universo, e anche (secondo un'identificazione diffusa anche nella nostra cultura, come mostra l'etimo di parole come «spirito», «anima») come intima realtà spirituale (*ātman*) di ciascun essere. Mentre il respiro nel significato di soffio vitale si esprime con il termine *prāṇa* e altri affini, il connesso termine *ātman* si specializza nel significato di spirito, vero io (funge anche da pronome riflessivo). Affermazione tipica delle *Upaniṣad*, accolta poi in tanta parte della successiva tradizione induistica, è che *brahman* e *ātman* si identificano. Questa tendenza all'unità, già presente *in nuce* nell'affermazione ṛgvedica che «ciò che è uno, i sacerdoti lo esprimono in molti modi», è preparata dalla rete di rapporti tipica dei *Brāhmaṇa*. Ma nella galassia upaniṣadica di idee molteplici e varie, spesso esposte in forma affascinante dai primi grandi maestri del pensiero indiano, compaiono tante dottrine, che vanno dalle prime attestazioni dello *yoga*, come insieme di pratiche psico-fisiche tese a controllare ciò che in noi non è spirito, della *bhakti*, la devozione amorosa alla divinità, di un equivalente indiano della grazia divina, che, afferma un testo, è necessaria per raggiungere la meta della perfezione spirituale. Compaiono dottrine di straordinaria importanza, preparate o formate nell'esperienza precedente: l'idea che la vita di tutti e del tutto è un divenire continuo (*saṃsāra*), nel quale a chiunque può toccare qualunque stato dell'essere in un processo infinito, e la dottrina che la condizione della rinascita non è casuale, ma dipende dal frutto delle opere compiute (*karman*). Compare anche l'idea che dal *saṃsāra*, dalle imperfezioni e dolori che comporta, ci si può liberare, ponendosi al punto di identificazione del *brahman*-

ātman, o anche in altri modi. Il tutto è espresso, tra visione e riflessioni, in modi di grande equilibrio (in seguito questi insegnamenti sarebbero stati sviluppati lungo linee molto diverse), ma non mancano certo differenze individuali, sia nei comportamenti (per esempio Naciketas respinge, tra altri beni, l'offerta di fanciulle fattagli dal dio della morte, Raikva cede di schianto di fronte a un bel viso femminile), sia, quel che più conta, nelle dottrine: per esempio il saggio Yājñavalkya sembra negare la persistenza dello spirito individuale dopo la morte, forse pensa solo a una trasmissione del *karman* da una vita all'altra.

L'induismo postvedico

Le *Upaniṣad*, pur con l'eccezionale apertura degli interessi e delle prospettive dei loro maestri, non esauriscono certo il quadro delle forze in campo nel pensiero indiano all'incirca dall'VIII al V secolo a.C.: un periodo che rientra in quell'età fondante, di straordinari rivolgimenti e di personalità creative che il filosofo tedesco Jaspers ha chiamato assiale. Anche in India ci dovette essere una vastissima gamma di maestri dalle idee più diverse che talora non hanno lasciato traccia se non per qualche riferimento polemico di loro avversari, talora invece hanno dato origine a movimenti di grande fortuna nella storia. Da un insieme complesso di testimonianze possiamo ricostruire il quadro di un'epoca di crisi politica e sociale, con forti trasformazioni nelle strutture statuali, e conseguenti incertezze di vita, con fughe dal mondo, ricerca di maestri e di linee di pensiero più personali. Si affermano anche tendenze materialistiche, scettiche, un ordine di monaci fatalisti, ma soprattutto due grandi tradizioni, divergenti ma entrambe extravediche, cominciando una storia che, attraverso varie vicende, continua a tutt'oggi: il buddhismo e il jainismo, che – soprattutto il buddhismo – hanno costituito uno stimolo e, indirettamente, un'ispirazione molto forti per il pensiero e la pratica dell'induismo, perché ne differivano su punti centrali ed erano quindi avversari non di comodo.

Anche gli avversari, dunque, hanno contribuito a plasmare l'induismo postvedico, che, rispetto al vedismo, è un complesso più vasto e molteplice di fenomeni di carattere panindiano, o almeno indirizzati lungo questa linea di tendenza. La documentazione è più ricca e eterogenea: in molte lingue, in generi letterari differenti (poemi, liriche, trattati di metafisica, teologia, mistica, opere teatrali, ecc.), ma anche figurativa (templi, immagini divine, durevoli o effimere). Con il riferimento alle immagini divine tocchiamo un punto fondamentale: centro del culto non è più il sacrificio. Maggior importanza acquista la *pūjā*, l'adorazione dell'idolo, con cui si ha un rapporto quotidiano di devozione e cura: la presenza costante dell'idolo, il rapporto diretto di cura affettuosa (per svegliarlo, nutrirlo, ecc.) predispone ovviamente, secondo i casi, a sentimenti di familiarità e perfino di amore, cioè alla *bhakti*, quell'insieme di tendenze devote che pervade larghissima parte dell'induismo. *Bhakti* indica un rapporto di amore mistico fondato su una «partecipazione» reciproca. Consacrata autorevolmente nell'ancor oggi popolarissima *Bhagavadgītā*, e poi variamente articolata nelle numerosissime scuole dell'induismo medievale e moderno, la *bhakti* ha molti elementi in comune con la mistica occidentale di carattere sentimentale-affettivo, quali, in genere, la compresenza di uno sforzo umano di purificazione e di un avvicinamento del dio con la sua grazia, fasi di separazione, di crisi e disperazione, la beatitudine finale, con esperienza di un sentimento oceanico, a seconda dei casi, nell'identità o nell'unione o nella vicinanza con la divinità. La *bhakti*, di solito, s'incentra su una figura divina, con la quale il fedele intrattiene una relazione intensa che in certi casi, come per poeti quali ad esempio Tukārām, Rāmprasād, può assumere il carattere di una passione bruciante, totale. Teologi di varie scuole hanno classificato i rapporti del devoto col dio, insistendo ora sull'emozionalismo erotico, ora proponendo altri modelli, come quello etico del virtuosissimo Rāma, ora sottolineando l'importanza della cooperazione umana al raggiungimento del sommo bene, ora invece sostenendo la necessità di arrendersi alla grazia divina. Posizione quest'ultima che da più parti si sostiene sia più adatta ai meno forti sul piano intellettuale, spirituale e anche sociale, e, in genere, per gli esseri nati in un'età di decadenza come la nostra. C'è in effetti nella *bhakti* un'apertura universalistica che ne fa la via più idonea per i reietti e gli esclusi. Questa tendenza, che ha anche ispirato iniziative di rinnovamento sociale, o almeno una minor insistenza sulla rigidità delle norme castali, trova la sua espressione più chiara nella pratica di abbandonarsi a dio, di prendere rifugio presso di lui.

Le principali fonti letterarie del periodo postvedico

Alcune opere sono considerate di grandissima autorità, anche se nessuna dovrebbe poter competere con l'autorità del *Veda*: in realtà il *Veda* viene seguito in modo molto selettivo e spesso i testi di base delle singole scuole sono di fatto più autorevoli. Continua intanto la composizione di *upaniṣad*, che spesso si presentano come vediche per godere del prestigio della *śruti*, ma sono invece testi di devoti śivaiti, viṣṇuiti, dello *yoga*, ecc.

Tra le fonti principali vanno innanzi tutto menzionati i due vastissimi poemi *Mahābhārata* («La grande storia dei discendenti di Bharata») e *Rāmāyaṇa* («La marcia di Rāma»). Il primo, tradizionalmente attribuito a Vyāsa, supposto autore di tante altre opere, è una specie di enciclopedia di tradizioni, leggende, istruzioni morali, ecc., raccolte attorno alla storia della lotta per il dominio sull'India settentrionale tra due fazioni di guerrieri i cui capi sono imparentati tra loro: in questa *summa* ricca di episodi e digressioni anche assai ampie s'inserisce nel momento topico dell'inizio della battaglia decisiva la *Bhagavadgītā*, il poemetto al quale è affidato il compito di risolvere importanti problemi morali sull'azione, la violenza, la nonviolenza, i doveri castali, le vie spirituali, ecc. Il *Rāmāyaṇa*, attribuito a Vālmīki, narra del rapimento, ad opera del demone Rāvaṇa, di Sītā, moglie dell'eroe divino Rāma, e della guerra che ne seguì, vinta da Rāma con l'aiuto di un esercito di scimmie, tra cui il fedele Hānumant. Questo poema di rapimento e guerra, che in parte può richiamare il ciclo troiano, ha avuto una fortuna enorme attraverso tutta l'India e l'Asia sudorientale, in traduzioni, rielaborazioni anche molto personali, come il *Rāmcaritmānas* («Il lago delle imprese di Rāma») di Tulsīdās (secc. XVI-XVII), considerato il capolavoro della letteratura in lingua *hindī*.

Molto importanti sono anche i trattati sul *dharma* (*dharmaśāstra*), tra i quali il più antico e autorevole è attribuito a Manu, nostro progenitore, e i *Purāṇa* («Antichi»), diciotto maggiori e altri minori, che presentano tradizioni relative all'origine («emissione») del mondo, alle sue riemissioni dopo le fasi di assorbimento, alle genealogie degli dei e dei *ṛṣi*, alle diverse epoche, alle gesta delle dinastie regali, ecc. I *Purāṇa*, pur nell'eterogeneità dei loro contenuti, si presentano talora come testi di singole correnti devozionali. Documenti fondamentali della *bhakti* sono anche liriche, poemetti, trattati, aforismi (*sūtra*), ecc. Molto importanti sono anche le composizioni ed esecuzioni musicali, le danze, utilizzate nei riti.

Dei *Tantra* («strumento del tessere, tessuto, trama, libro»), che trattano di dottrine, *yoga*, ritualistica e altro si parlerà presentando le vie di realizzazione spirituale, e così pure delle opere delle scuole di pensiero. Al momento opportuno si accennerà anche ad alcuni tipi di documenti figurativi.

2. *Il «dharma» e il mondo*

L'espansione dell'induismo

L'induismo, pur senza un'esplicita vocazione missionaria, ha sempre mantenuto una notevole capacità di espandersi nel corso del tempo in aree originariamente di diversa cultura. La cosiddetta sanscritizzazione, cioè la diffusione dell'induismo alto, quello dei testi sanscriti, costituisce un fenomeno che solo con un riscontro *a posteriori* possiamo dire interno all'India, confondendo una realtà geofisica con una realtà storico-culturale *in fieri*, e distinguendo con poco fondamento questa forma di espansione rispetto ad altre, geograficamente extraindiane. La spinta a estendersi anche al di fuori dai confini dell'India è forte soprattutto in alcune fasi storiche. Essenzialmente queste: una fase, soprattutto nel primo millennio della nostra era, di espansione verso il Sudest asiatico, e poi, specialmente a partire dall'800 – accanto a consistenti flussi migratori motivati da necessità economiche verso le isole Figi, Mauritius, Trinidad, nella Guyana, nel Suriname – una fase, tuttora in corso, caratterizzata da forme di notevole diffusione nel mondo culturale euroamericano. In realtà la cultura indiana ha anche esercitato per molti secoli un fortissimo influsso sull'Asia centrale e orientale, dovuto però soprattutto al buddhismo, e quindi in questa sede si potrà accennare soltanto alle altre due forme di espansione.

India maior

Si usa questo nome per mettere in rilievo l'importanza dell'apporto della cultura indiana a quella dell'Asia sudorientale, o Sudest asiatico (Indocina e Indonesia). In genere, questa influenza non dipese da guerre e conquiste. Fu invece un fenomeno sostanzialmente pacifico, dovuto a navigatori, commercianti, e soprattutto a specialisti del sapere sacro, esponenti di una cultura alta il cui strumento linguistico era il sanscrito (è soprattutto questa lingua, e non altre più popolari, ad avere influenzato le lingue e le culture indigene). Evidentemente sovrani e intellettuali indocinesi e indonesiani sentirono il fascino dei modelli culturali indiani. Ma la loro adozione non ridusse le civiltà dell'Asia sudorientale a semplici appendici culturali dell'India, piuttosto produsse un vero e proprio meticciato culturale di affascinante complessità.

Il nome stesso dell'Indocina illustra chiaramente il destino storico di una regione nella quale la cultura indiana e la cinese si sono incontrate in vario modo, con prevalenza in genere della prima, ma per esempio nel Vietnam dell'altra, senza però che venisse meno l'apporto autonomo delle popolazioni locali. Oggi gli induisti costituiscono delle minoranze piuttosto ridotte rispetto ai prevalenti buddhisti e musulmani, ma in passato è stata grandissima l'importanza dell'induismo nella penisola, nella quale si diffusero, spesso in forme sincretiche, soprattutto lo śivaismo, il culto del re divinizzato come Śiva vivente e del *liṅga* (fallo sacro) regale, come anche di varie altre divinità induistiche.

In Indonesia l'influenza indiana fu largamente prevalente fino al trionfo del dominio islamico (sec. XVI) e ha lasciato segni indelebili, come attestano numerosi monumenti tra i più notevoli dell'arte indiana o indianizzata, e un'imponente fioritura letteraria, per esempio un'epica che riprende e rielabora i grandi temi del *Mahābhārata* e del *Rāmāyaṇa*. Il nome stesso che si usa per indicare una tradizione religiosa (*āgama*) è ancora oggi di origine indiana. Gli dei adorati erano gli stessi dell'induismo indiano, con accentuata preminenza di alcune figure, soprattutto Śiva, talora anche in unione col Buddha. Diffusa è la credenza nei *ṛṣi* mitizzati, con una particolare venerazione per Agastya; è riconosciuta la suddivisione dell'esistenza in fasi ordinate, mentre assai più labile, al di là di una generica divisione in classi, è il sistema castale. Dopo l'avvento dell'islamismo nel XVI secolo, l'induismo si è conservato soprattutto nell'isola di Bali, la cui tradizione è ufficialmente riconosciuta come induistica, con i sacerdoti di origine brahmanica, i testi sacri tradizionali, le dottrine śivaite, i rituali comuni, dai sacrifici quotidiani a quelli solenni, il rogo delle vedove (un tempo praticato nelle classi alte, e poi ufficialmente soppresso), l'arte figurativa. Caratteristico è anche il culto della montagna sacra. Bali è celebre per le sue danze, che certo continuano tradizioni indiane, ma con caratteristici elementi estatici che forse attingono a un fondo arcaico indigeno.

L'incontro con l'islamismo

Le grandi capacità ricettive della cultura indiana, che aveva saputo assorbire e integrare in sé gli apporti più vari, dai greci agli iranici, alle popolazioni centroasiatiche, agli unni, non furono poste a dura prova dai primi incontri con il cristianesimo, che rimase fenomeno abbastanza circoscritto; lo furono invece dall'incontro con l'islam. Innanzi tutto per il modo di questo incontro, che, a parte una prima fase di diffusione dovuta soprattutto a mercanti, si concretizzò in un'occupazione militare accompagnata da distruzioni e spoliazioni, come ci attestano resoconti coevi e ancor oggi imponenti rovine, per esempio di quei grandi centri monastici buddhistici che si usa chiamare università indiane antiche. Le ripetute devastazioni di templi, monasteri, luoghi santi in genere, ebbero un effetto molto negativo in particolare per il buddhismo, una tradizione monastica la cui quasi completa scomparsa dall'India, dovuta certo anche ad altre ragioni, coincide con i secoli di questa espansione militare. La necessità di mantenere gli invasori con il surplus della produzione, o più spesso, perché non ci dovevano essere reali eccedenze, con il sacrificio personale, rendeva estremamente arduo l'impegno ad aiutare monaci dediti a tante bellissime attività di dottrina e di pietà, ma non autosufficienti sul piano economico. In misura minore ci furono difficoltà anche per l'induismo, disprezzato da molti dei nuovi dominatori per la sua ricchissima proliferazione di divinità (anche se con un senso profondo dell'unità dell'essere), spesso rappresentate nelle forme più varie, perfino animali, e con comportamenti che a non pochi musulmani sembravano blasfemi. Anche certe usanze della vita comune apparivano totalmente estranee all'islam: si pensi alla venerazione induistica per la vacca. Gli induisti, se da un lato furono sottoposti al pagamento delle tasse per gli infedeli e a forme diverse di discriminazione, dall'altro erano oppressi dalla negazione islamica dei loro principi di sacralità e di organizzazione sociale, e costretti a subire tutta una serie di contaminazioni molto gravose. Ma non bisogna sottovalutare alcuni elementi che attenuano la cupezza del quadro. Per esempio, anche se il rapporto con l'islam può aver spinto un certo induismo a una maggiore chiusura, molto spesso si trovarono forme civili di convivenza, o almeno di tregua. Bisogna anche tener presente che ci furono numerose conversioni e, prescindendo da coloro che si convertirono all'islam per ragioni di convenienza e interesse personale, non pochi altri lo fecero per motivi più nobili, attratti da quelle dottrine e da quei comportamenti islamici che erano nel segno di un più insistito richiamo all'unità divina, o a una più forte interiorità, senza il gravame di mediazioni sacerdotali, e potevano anche essere considerati espressione di una maggior libertà sociale. Sono questi i temi che troviamo al fondo delle tendenze mistiche favorevoli a un incontro induismo-islam.

Questo incontro avvenne in tutti e due i sensi. Per parte musulmana, accanto a sovrani che mostrarono notevoli dosi d'intolleranza, ci furono imperatori e principi sensibili, rispettosi e talora perfino appassionati, come Akbar (1556-1605), tollerante sovrano moghul, che cercò, per la verità senza molto successo, di dar vita a una religione sincretica, e come, soprattutto, Dārā Shikoh, lo sfortunato principe della stessa dinastia che tentò una conciliazione tra la mistica islamica e quella di derivazione upaniṣadica, e finì condannato a morte per apostasia. Ma questo suo tentativo non era insensato, e di fatto la mistica sufica in India, e forse anche altrove, ha ricevuto semi fecondi dai valori e dalle tradizioni della *bhakti*. Tendenze analoghe in campo induistico hanno dato vita a veri e propri movimenti come quello di Rāmānanda, che attribuiva ben poco valore al sistema castale e proponeva una concezione della divinità sostanzialmente monoteistica, e quello dei *sant* («buoni») assertori della *bhakti* per il *brahman nirguṇa*, cioè «senza qualificazioni»: una tradizione che fornisce, forse anche per influenza islamica, una versione devozionale, con scarso peso dei riti, della tradizione dell'Uno-Tutto upaniṣadico.

Tra i movimenti ispirati da una tensione verso l'incontro con l'islam sono soprattutto importanti quelli che fanno capo a Kabīr e a Nānak. Kabīr è d'incerta datazione (tra il XIV e il XVI secolo). Forse figlio illegittimo di una vedova brahmanica, fu allevato da un tessitore musulmano (il suo nome è uno degli appellativi di Allah). Poeta tra i più popolari dell'India, con il risultato che è diventato come un'etichetta per idee e versi anche non suoi, Kabīr cercò di conciliare l'induismo e l'islamismo sul piano della mistica, dell'adorazione interiorizzata di un Dio unico, respingendo il culto degli idoli e le pratiche esteriori e raccomandando una *bhakti* incentrata sulla recitazione e sulla lode del nome di Dio, che per lo più chiama Rām, ma anche in altri modi. La sintesi di Kabīr è a prevalente base induistica: mantiene il *karman*, il *saṃsāra*, la liberazione, e include molto meno dell'islam, di cui interpreta simbolicamente certe norme, per esempio un pilastro della fede come il pellegrinaggio alla Mecca (per lui il vero pellegrinaggio era il cammino verso la purezza del cuore).

I seguaci diretti di Kabīr, i Kabīrpanthin («Quelli che vanno per il sentiero di Kabīr»), tuttora alcuni milioni, sono considerati induisti, pur costituendo un movimento distinto. Ma l'influenza di questo santo-poeta si estende ad altri movimenti – come quello dei seguaci di Dādū, che vedeva nel Dio degli induisti e dei musulmani un unico Dio cui ci si deve unire in amore, l'amore che avrebbe dovuto abbracciare anche tutti gli altri uomini – e si estende anche alla religione dei Sikh, il movimento più notevole.

I *Sikh* («allievi, discepoli») sono i seguaci del maestro Nānak (1469-1539) e della linea di *guru* che ne è derivata. Nānak fu un grande esponente della *bhakti* rivolta al Dio unico e inconoscibile, al tempo stesso trascendente e immanente, il quale, privo di qualificazioni sul piano della realtà assoluta, appare tuttavia all'esperienza devota come dotato di tutti gli attributi eccellenti che sia pur solo parzialmente lo rivelano: vera realtà, ordine divino del cosmo, parola sacra che risuona nel cuore dell'uomo, che troppo spesso, prigioniero dell'egoismo e del coinvolgimento nel mondo e nel peccato, ignora questa pura voce di verità. Invocato nella pratica devota con i nomi più vari, e in sé privo di nomi, può essere chiamato Nome per eccellenza, Nome-Verità. Per questo la *bhakti* di Nānak s'incentrava sulla ripetizione costante del Nome: pratica che mette in sintonia il cuore del devoto con l'ordine divino e gli permette di superare i condizionamenti psichici costituiti da forme varie di attaccamento (avarizia, ira, lussuria, ecc.) e di giungere attraverso un'elevazione progressiva alla corte del sovrano divino.

A Nānak successero altri nove *guru*, i quali gradualmente

fecero di un movimento di devozione mistica una forte comunità, quasi una vera e propria chiesa, che, tra l'altro, si diede un voluminoso testo canonico, l'*Ādi granth* («Primo libro»), che raccoglie poesie di Nānak, tra le quali il celeberrimo *Japjī* («Nobile preghiera»), e testi di altri maestri come Kabīr. Mentre il movimento si andava sempre più istituzionalizzando, anche con caratteri teocratici, lo scontro con i dominatori musulmani si radicalizzò e due *guru* rimasero vittime di sovrani islamici intolleranti. Il decimo *guru* da un lato dichiarò conclusa la linea dei *guru*, installando al loro posto l'*Ādi granth*, che viene adorato nei templi e nei luoghi sacri generalmente come unica immagine divina; dall'altro trasformò la comunità creando una sorta di casta militare, il *khālsā* («purezza»), i cui membri, chiamati *singh* («leoni»), sono obbligati a portare i segni della loro fedeltà (i cosiddetti cinque *k*, perché il loro nome comincia con questo suono): barba e capelli lunghi, un pettine per raccogliere i capelli in una crocchia e avvolgerli in un turbante, calzoni corti, un braccialetto metallico e una spada. Un numero grandissimo di Sikh divennero *singh*, che è diventato anche il loro cognome più diffuso. Gradualmente la comunità dei Sikh, nata nel segno e nella speranza di un incontro con l'islamismo, si è votata, per necessità di sopravvivenza, a una risposta bellica all'islam, diventando, attraverso un'evoluzione storica che non li ha staccati dalle loro radici, ma certo ne ha cambiato molto i connotati, un vero e proprio gruppo etnico tra i più marziali dell'India, spesso però con forti contrasti interni.

Ci si può chiedere se i Sikh, che costituiscono il 2% della popolazione dell'India, sono da considerare induisti. La risposta dipende da valutazioni soggettive. Comunque, le idee di base sono induistiche e, soprattutto se si ha presente una definizione dell'induismo larga come quella che si è proposta all'inizio di questo libro, parrebbe difficile negare che nell'induismo, magari ai suoi margini, ci sia posto anche per loro.

I Sikh, che preferiscono al monachesimo extramondano

l'impegno nel lavoro e a favore dei confratelli, sono anche emigrati in vari paesi, facendo conoscere all'estero la loro religione, che così ha trovato seguaci anche tra i non indiani, universalizzandosi, e riscoprendo quindi in terre remote uno spirito più fedele al messaggio originario di Nānak. E ci sono ormai da anni anche Sikh italiani, non numerosi, ma facilmente riconoscibili soprattutto per la lunga barba e il turbante.

L'incontro con l'Occidente

Il dominio coloniale inglese si affermò nel XVIII secolo debellando man mano i rivali, soprattutto francesi, e affiancandosi al già potentissimo impero Moghul, per poi sostituirlo a poco a poco. La grandezza culturale dell'India non poteva sfuggire almeno ai più acuti fra i dominatori coloniali. Si avviò così un rapporto molto complesso, con aspetti d'influenza reciproca anche di grande rilievo. L'India ne subì effetti, oltre che, ovviamente, politici, anche culturali e religiosi, in larga misura connessi.

Soprattutto per esigenze intrinseche alle necessità dell'amministrazione coloniale, si sviluppò una classe media in buona parte di formazione mista, plasmata dallo studio della cultura inglese e, per suo tramite, della cultura europea in genere. Gruppi di giovani che avevano acquisito questo tipo di cultura, eppure non volevano rinunciare alle loro radici, ma collegarvisi criticamente, diedero vita al significativo fenomeno storico che si usa chiamare Rinascimento induista. Questa espressione sta a significare, da un lato, che i musulmani vi presero parte in misura assai ridotta e, d'altro lato, che questo Rinascimento di un paese coloniale condivide con il nostro la tensione verso la riscoperta e la riappropriazione del passato (diversamente dal nostro, però, non ha fornito apporti originali in campo scientifico). Questo clima culturale ebbe ovvi effetti in campo religioso, con fenomeni, certo, di élite, ma che hanno dato contributi significativi anche di lunga durata all'innovazione, pur non scalfendo, in sostanza, la supremazia dell'induismo tradizionale.

Sorsero vari *samāj* («società»), che, a differenza delle usuali riunioni di fedeli attorno a qualche santo carismatico, si raccolsero attorno a intellettuali con interessi religiosi, per ricerche d'interesse spirituale e per una vita conseguente.

Il primo di questi *samāj* fu in realtà l'Ātmīyasabhā («Assemblea spirituale») del brahmano bengalese Rām Mohan Roy (1772?-1833), che diede poi vita al Brāhmasamāj («Società dei devoti al brahman»). Educato all'antica, ma sconvolto dalla visione del rogo di una parente vedova che aveva invano implorato di essere risparmiata, R.M. Roy, uomo colto e curioso di altre tradizioni religiose, cercò di depurare l'induismo di molti aspetti che gli sembravano intollerabili: dal rogo delle vedove, appunto, al culto degli idoli, dalla poligamia a certi aspetti costrittivi del costume sociale. Fervente monoteista, pieno di simpatia per il cristianesimo, tanto da proporre il *Padre nostro* come preghiera quotidiana, era però respinto dalla dottrina cristiana dell'incarnazione. La storia successiva del Brāhmasamāj è fatta di oscillazioni tra allontanamento dall'induismo e riavvicinamenti, con vari scismi. Debendranāth Ṭhākur ne segnò la fase di maggior vicinanza alla tradizione, sia pure in una lettura riformata; Keśav Candra Sen, campione dell'ala progressista, provocò nel 1866 una scissione, ma non molti anni dopo, irritati dall'incoerenza del suo comportamento (pur combattendo il matrimonio dei bambini, aveva fatto sposare sua figlia ancor piccola al figlio di un mahārāja), altri membri più progressisti costituirono il Sādharaṇ («Universale») Brāhma Samāj. Dopo una fase di notevolissima influenza sull'*intelligentsia*, queste società elitarie hanno perso gran parte della loro forza, e i loro aderenti, malvisti negli ambienti conservatori, sono ridotti a una condizione castale separata, quasi una nemesi storica per chi ha portato i primi duri attacchi contro le ingiustizie del sistema.

In questo ambiente si formò anche Satyānanda Agnihotrī, il fondatore del Devsamāj («Società divina»), che non credeva in Dio ed era di chiara ispirazione positivista. Però il nome della società non è fuori luogo perché dio è Satyānanda stesso, superuomo liberatore dell'umanità. Anche il Devsamāj, passato il suo momento di fulgore, è divenuto solo un interessante gruppo marginale.

Ben diverso è l'Āryasamāj («società degli *ārya*), sorto attorno al brahmano Dayānanda Sarasvatī, il cui messaggio di carattere puristico s'incentrava sulla necessità di tornare al *Veda*, liberando l'induismo dalle incrostazioni successive, cioè dagli apporti, secondo lui degenerativi, della tradizione postvedica. Ma poi gli āryasamājisti più zelanti trovano nel *Veda* anche invenzioni e scoperte contemporanee come ad esempio l'aviazione, ecc. che, onestamente, sembrano un bel po' posteriori! Sarebbe ingiusto e anche pericoloso sminuire per questo il significato dell'Āryasamāj, che, al pari di movimenti analoghi di altri paesi del terzomondo, esprime con la sua posizione revivalistica il disagio per le dure condizioni contemporanee e il comprensibile desiderio di un riscatto culturale e morale, che però si traduce in atteggiamenti rigidamente conservatori, nazionalistici e spesso intolleranti.

Con Rāmakṛṣṇa (1834-1886) ci si trova in un mondo di esperienza accentuatamente mistica. Gadādhar Chatterji, questo il suo nome di origine, era un brahmano addetto a un tempio, povero e poco colto, con un equilibrio psichico instabile (qualcuno potrebbe paragonare la sua vocazione a quella dei futuri sciamani, personalità sconvolte prima di trovare qualche forma di equilibrio con l'iniziazione). Dapprima ferocemente tormentato dal desiderio d'incontro con la divinità, sarebbe poi pervenuto a una realizzazione spirituale molteplice, giungendo alla meta suprema dell'induismo, in varie sue forme, così come del cristianesimo e dell'islamismo, verificando sperimentalmente l'unicità della meta. Il suo insegnamento, affidato a discorsi semplici e suggestivi, insiste sulla necessità della purezza interiore, del ritorno in noi stessi, dell'esperienza diretta. È anche un insegnamento di grande tolleranza e rispetto interreligioso: come l'unico Gange ha tanti nomi, così il divino unico può essere conosciuto in tanti modi. Nell'India del tempo, sottoposta al dominio coloniale, percorsa da missionari assertori della superiorità della loro fede, la conclusione che si poteva trarre dalle parole di Rāmakṛṣṇa era: non c'è bisogno di convertirsi, ciascuno, a seconda delle sue condizioni, ha la sua scalinata... Così l'insegnamento di una grande figura mistica può prestarsi a un'interpretazione in senso antimissionario.

Su questa linea, ma andando oltre, si è mosso il discepolo prediletto di Rāmakṛṣṇa, Narendranāth Dutt, conosciuto col nome monastico di *Svāmī* Vivekānanda (1863-1902), sospettato da alcuni di infedeltà rispetto al maestro. Una differenza fra Rāmakṛṣṇa e Vivekānanda è innegabile, anche se a taluno può sembrare un tipico esempio di normale evoluzione storica: Rāmakṛṣṇa insisteva sull'esigenza di vivere intensamente la propria religione, Vivekānanda si è fatto invece maestro di un messaggio missionario. Nel 1893 si recò a Chicago al World's Parliament of Religions, dove in certo senso rappresentò l'induismo (che, non avendo una chiesa e una gerarchia, non può avere rappresentanti). Da allora si può datare l'inizio dell'espansione dell'induismo in Occidente, perché a Vivekānanda, in successivi viaggi, e ai suoi seguaci della Ramakrishna Mission, si deve la fondazione di templi, conventi, centri vari in America e in Europa. Si ispirava a un induismo consapevole della sua forza (per lui, che credeva al genio delle nazioni, la spiritualità era il genio dell'India), era convinto di dover diffondere questi valori fino al limite massimo della capacità di accoglierli da parte dei non indiani.

Delle grandi personalità dell'India vissute a cavallo tra l'800 e il '900 merita almeno un cenno la figura complessa e poliedrica di Rabīndranāth Ṭhākur, generalmente conosciuto in Occidente con il cognome inglesizzato in Tagore, massimo esponente di una famiglia di ricchi signori di elevati interessi intellettuali e spirituali. La sua arte, soprattutto la lirica, che ne è la forma più largamente apprezzata, nasce molto spesso dalle passioni di un amore a cui non è certo estranea la spiritualità della *bhakti*.

Una fortissima dimensione spirituale ha ispirato il pensiero e l'opera di Gāndhī (1869-1948), che ha portato nell'azione politica e sociale idee e pratiche proprie degli asceti della tradizione classica, i quali però di solito rifuggivano da ogni forma di impegno mondano. Gāndhī, convinto che si deve portare la caverna dell'isolamento ascetico nel proprio cuore, cioè nell'esperienza della vita di tutti i giorni, esaltava i valori della rinuncia e della castità e l'ideale della nonviolenza come norma suprema. Per Gāndhī la nonviolenza non è la scelta obbligata dei deboli e dei vili, bensì la scelta consapevole dei forti pronti al sacrificio di sé. È l'ideale della verità come valore non subordinabile ad altri, in apparenza più convenienti, che si traduce nell'«attaccarsi alla verità» (*satyāgraha*) come forza, e cioè arte e tecnica di lotta del combattente nonviolento. Altri aspetti, talora non ben compresi del messaggio di Gāndhī, derivano dalla tradizione antica: ad esempio l'ideale della nonviolenza, come atteggiamento interiore di non-odio, piuttosto che come assenza di violenza esteriore, secondo una visione dell'etica, centrale nella *Bhagavadgītā*, incentrata sul soggetto, per la quale quello che conta è soprattutto l'intenzione. Sempre in quest'ottica che si rifà a tradizioni antiche, il digiuno è piuttosto una forma di purificazione e di espiazione, oltre che, ovviamente, di pressione. Se alla formazione definitiva di alcune sue idee hanno certamente contribuito le suggestioni che gli sono venute da spiriti magni dell'Occidente, come Ruskin, Thoreau, Tolstoj, tutto il nucleo fondamentale delle dottrine di Gāndhī è induistico: l'identificazione tra verità e realtà, tra verità e dio, ma anche, al di là di questo dato concettuale, la fede intensa in un Dio personale, chiamato Rām. «*He Rām*» (oh

Rām) furono le sue ultime parole quando venne ucciso da un fanatico induista. Su un fondo dottrinale non dualistico, Gāndhī è un seguace della *bhakti*, un induista senza complessi d'inferiorità che può permettersi di nutrire simpatie anche per altre religioni, che ammira il *Discorso della montagna* e accetta l'idea che Gesù sia figlio di Dio, ma rifiuta la pretesa esclusiva che solo lui lo sia (lo sono tutti gli esseri). Gāndhī vuole però un induismo aperto e libero dai tanti elementi negativi. Tra questi ultimi balzava in primo piano ai suoi occhi di uomo giusto che aborriva l'iniquità la questione dei fuoricasta, intoccabili perché contaminanti. Mentre era favorevole al mantenimento delle caste, purché non significassero privilegi per una parte e sofferenze e danno per l'altra, ma solo un riconoscimento della diversità naturale degli uomini, connessa al *karman* e alla rinascita, era nettamente contrario a tutte le forme di discriminazione che nel corso del tempo si erano venute affermando contro gli intoccabili. Li chiamava Harijan («Figli di Hari», cioè di Viṣṇu, di Dio), e si impegnò duramente contro gli elementi più conservatori perché agli intoccabili fosse consentito l'accesso ai templi allo stesso titolo degli altri induisti. Sul problema degli intoccabili Gāndhī si scontrò con il loro *leader* più noto, Bhīmrao Rāmjī Ambedkar, un intoccabile che si era addottorato all'estero, acquisendo un'eccellente preparazione giuridica della quale si servì per diventare campione della sua gente contro le odiose discriminazioni di cui era vittima. Se l'idea di Gāndhī era: gli intoccabili sono nostri fratelli, l'induismo si è macchiato di gravissime colpe, l'induismo deve riparare, la posizione di Ambedkar era ben diversa. Si convinse sempre più che l'induismo non era emendabile, e che gli intoccabili dovessero costituire una comunità separata, rivendicando i loro diritti di cittadini a pieno titolo: un'opera alla quale dedicò tutta la vita. Così per esempio si sforzò di dimostrare nei suoi scritti, da buon esegeta all'indiana delle antiche tradizioni, le origini elevate degli intoccabili, e, come padre spirituale della costituzione dell'India indipendente, vi fece includere la condanna della discriminazione castale e dell'intoccabilità, che venne successivamente riconosciuta come reato. Poco prima di morire si convertì al buddhismo, nel quale scorgeva, non del tutto a torto, un tipico movimento indiano di liberazione meno strutturalmente legato alle forme costrittive della società castale. Lo seguirono nella conversione alcuni milioni di confratelli. Come certa devozione induistica ha potuto vedere in Gāndhī una manifestazione divina, così altri devoti hanno visto nel laico generoso e combattivo Ambedkar una specie di santo buddhista sceso in terra per salvare i reietti.

Tra le figure della spiritualità induistica del nostro secolo più note in Occidente è certamente il bengalese Aravinda Ghoṣ (1872-1950), in grafia anglicizzata Śrī Aurobindo. Fatto educare completamente all'occidentale dal padre, Aurobindo conobbe in Inghilterra la tradizione culturale della sua gente. Divenuto al rientro in patria un esponente dell'opposizione anti-inglese più radicale, e accusato di terrorismo, si salvò fuggendo a Pondichéry, allora colonia francese. Qui si dedicò alla ricerca spirituale. Aurobindo, al quale più tardi si aggiunse Myrra Alfassa Richard, nota come la Mère, divenne il centro di una comunità di indiani e stranieri. Mediante opere dottrinali e poetiche e originali commenti dei testi della tradizione induistica, in particolare reinterpretando le parti più antiche del *Veda*, insegnò il cosiddetto *Yoga integrale*. L'esigenza di una sintesi di Oriente e di Occidente non unilateralmente negatrice del corpo e della materialità, com'è stata per tanti aspetti, a giudizio di alcuni, la spiritualità indiana, spinge Aurobindo a una nuova metafisica, e di conseguenza a una nuova etica. Pur recuperando, sia pure in prospettive parzialmente diverse, i valori dell'esperienza tradizionale, le posizioni di Aurobindo si ricollegano in certa misura anche alle «religioni» ottocentesche europee del progresso. Dall'infinito originario *brahman*, concepito come impersonale e personale insieme, promana la realtà universale giù giù fino alla materia, dalla quale però riprende il cammino inverso, secondo un'evoluzione per stadi; l'uomo rappresenta il livello più alto, limitato alla mente, della fase attuale. Aurobindo è il maestro dell'ascesa al livello della supermente, verso la perfezione e la beatitudine. La pratica dello *Yoga* integrale anticipa il cammino comune. Le sue dottrine sono risultate molto attraenti per indiani e stranieri che, condividendo le idee sull'evoluzione e la visione finalistica della storia, diffuse nella prima metà del '900, erano attratti dalla prospettiva di costituire delle minoranze di avanguardia nel processo del divenire cosmico.

Ramaṇa detto il Maharṣi («Grande veggente»), nato nel 1879 (secondo altri 1880), fu sconvolto, ancora ragazzo, da un'improvvisa esperienza di morte. Ebbe però modo di constatare che chi in lui conosceva, cioè in termini classici indiani l'*ātman*, non ne era toccato: a chi si ricordi degli antichi misteri o anche delle iniziazioni in uso presso i più vari popoli, questo fatto può richiamare l'idea della morte iniziatica. Dopo un'ulteriore e più completa esperienza di morte, Ramaṇa divenne il Maharṣi per molti indiani e stranieri, attratti dalla sublimità della sua vita, dalla forza affascinante della sua visione, dall'essenzialità del suo insegnamento. Autentico fossile vivente, Ramaṇa non aggiunge praticamente nulla alla tradizione nondualistica delle *Upaniṣad*, solo qualche irrilevante innovazione formale (la coscienza paragonata a uno schermo cinematografico). Affascina in lui la purezza del richiamo costante al vero io, la cui ricerca è il solo scopo sensato della vita: l'incontro con l'io, da ritrovare negando tutte le identificazioni erronee, è la riscoperta di una realtà sempre esistente, della nostra essenziale beatitudine.

L'induismo in Occidente

Dopo la grande espansione dell'induismo nell'Asia sudorientale, e dopo la diffusione in quelle stesse regioni e nell'Asia centrale e orientale del buddhismo, che ha portato con sé tanti elementi anche induistici, una nuova fase di espansione si è aperta per l'induismo, soprattutto a partire dalla fine dell'800, con la diffusione di idee e di gruppi religiosi in Europa e in America: in parte lo si è già visto. A dire il vero, almeno a partire dall'età ellenistica, da quando cioè giunsero nel mondo greco i resoconti degli incontri di Alessandro Magno con i gimnosofisti, i saggi nudi indiani, e della loro lezione esemplare di saggezza e distacco, l'India con i suoi asceti e con i suoi santi, ma anche con le sue favolose ricchezze, è sempre stata presente nell'immaginario occidentale come la terra incantata della spiritualità. Per esempio Plotino cercò di giungere in India aggregandosi alla sfortunata spedizione militare dell'imperatore Gordiano, e Dante nel *Paradiso* prende lo spunto da una figura esemplare di indiano virtuoso per porre il problema capitale della giustizia divina e della salvezza per chi non ha conosciuto il Cristo... Ma, di solito, l'interesse per la spiritualità induistica era più che altro un fenomeno di simpatia intellettuale, che generalmente non comportava adesioni o conversioni. Da qualche decennio non è più così, e non tanto perché varie persone hanno aderito a scelte di vita monastica entrando a far parte di ordini missionari come quello di Vivekānanda, ma perché l'induismo – o almeno alcuni suoi maestri – si è mostrato disponibile ad accogliere tra le sue fila persone di origine non indiana. Qualche tempo fa si è svolta una garbata polemica tra un indologo italiano e alcuni connazionali che si definiscono induisti, sostenendo il primo che diventare induisti è impossibile, opponendo gli altri il dato stesso della loro condizione e la sua piena regolarità: non era una semplice discussione accademica, si trattava di scelte di vita profondamente significative per chi le compie. I neoinduisti italiani non avevano torto: come l'induismo si è diffuso in passato fuori dall'India, così può accadere ora.

Nei decenni passati si sono affermati soprattutto movimenti legati al magistero di Vivekānanda, Aurobindo e Gāndhī, i primi due caratterizzati da un più accentuato impegno di perfezionamento interiore, anche se non mancano, soprattutto nel caso dei seguaci di Rāmakṛṣṇa e di Vivekānanda, elementi di solidarietà sociale, il terzo più legato a temi, questioni, problemi, tecniche di natura politica (lotta nonviolenta, campagne per il disarmo, digiuni), sociale (in genere con obiettivi che possiamo definire libertari o comunque *liberal*) e religiosa. La versione più recente del gandhismo, anche extraindiano, insiste molto sull'aspetto, particolarmente forte nel messaggio del Mahātmā, dell'ecologismo integrale.

Non essendo possibile tentare un quadro complessivo dei maestri e dei movimenti induistici in Occidente, anche perché in questo campo ci sono sempre novità e variano le mode, ci si dovrà accontentare della segnalazione di alcune grandi tendenze e figure di maestri. E si prescinde dal successo sempre verde dello *yoga*, talora ridotto a pratica di palestra, nel grande filone della *fitness* e di analoghe mode, ma non di rado praticato con attenzione alla disciplina meditativa, anche modificando lo stile della propria vita.

Una linea importante si collega a Jiddu Krishnamurti. Indicato, ancora adolescente, come una specie di messia del nostro tempo da parte dei dirigenti della Theosophical Society, tipica espressione, a sua volta, dell'incontro con l'India di una certa Europa evoluzionista e occultista, Krishnamurti rifiutò questo onore ingombrante e si dedicò piuttosto a predicare la lotta contro i condizionamenti della mente – a cominciare proprio dalle tradizioni spirituali che, invece di contribuire a liberarla, la ingabbiano – sottolineando la necessità di sviluppare una pura esperienza coscienziale: maestro paradossale che non ha mai smesso d'insegnare che dobbiamo liberarci dalla necessità dei maestri. Molto più ispirato a una mentalità efficientistica appare invece l'insegnamento del Maharṣi Maheś Yogī, reso celebre dai Beatles, maestro della meditazione trascendentale (in sigla, TM), una tecnica trasmessa mediante apposite iniziazioni, praticabile indipendentemente dai vincoli religiosi e di sicuro successo pratico, ma anche «sentiero meccanico per la realizzazione di Dio», così essenziale che basterebbe che l'1% dell'umanità seguisse questo sentiero perché fosse salva. Un movimento questo molto discusso per lo stile managerial-tecnologico, ma perciò stesso di grande successo, specialmente tra persone che non hanno la possibilità o la voglia di dedicare molto tempo alla ricerca spirituale, di cui pure sentono il bisogno.

Ancor più discusso Rajneesh, la cui vita controversa è assurta più volte agli «onori» delle cronache, per la smodata esibizione di ricchezze e il culto monolatrico della sua persona. Molte critiche sono state rivolte alle sue dottrine, ibrido anche geniale di idee orientali e occidentali, presentato però con tecniche da venditore, e al suo personale sentiero di ricerca, che deve procedere libera e liberante, scendendo fin nell'inconscio per sgretolare i blocchi più duri. In questa idea di libertà totale, che ad alcuni può apparire anche una regressione a una naturalità irresponsabile, va forse cercata una delle principali ragioni del successo di Rajneesh, come anche nella sua figura di bizzarro *guru-trickster*; d'altra parte è proprio su questi aspetti che si appuntano le critiche. Di questo singolare miscuglio, tenuto insieme dalla personalità indubbiamente non comune del maestro, l'induismo è una matrice, probabilmente la principale, ma non l'unica.

Sicuramente induista nelle sue basi e nella sostanza, e con una forte spinta missionaria, è il movimento bhaktico degli Hare Krishna, che si ispira a Caitanya, diffuso in Occidente dallo Swāmī Bhaktivedānta Prabhupad, il quale, trasferitosi a New York, vi fondò nel 1966 l'International Society for Krishna Consciousness (ISKCON), che poi si è propagata in tutto il mondo, dandosi anche una base economica e organizzativa piuttosto solida. Il movimento Hare Krishna trova la sua forza nella riproposizione di una disciplina religiosa intensiva, puritana, che deve diventare veramente il centro della vita dei devoti, con un impegno durissimo e totalizzante, a partire da ben prima dell'alba, in un'esistenza che deve trascorrere tra invocazioni del nome divino, canti di lode, attività varie a favore e in propaganda del gruppo devozionale.

Questi cenni rapidi e incompleti possono suonare troppo sbrigativi per chi crede di aver trovato in qualcuno di questi gruppi la verità della vita. Per molti, soprattutto giovani di sensibilità non ancora attutita, l'Occidente vive una grave crisi di valori, religiosi e sociali. Il mondo dello sfruttamento intensivo e del consumismo ipertrofico appare in contrasto con le esigenze di una vera interiorità, quando non riesce a fagocitarla. Su di un piano diverso ma non separato, non sa proporre risposte adeguate all'esigenza di un rapporto non predatorio con la natura e con l'ambiente. L'India e l'induismo hanno molto da dire e da dare in questi campi, soprattutto con le discipline meditative e di perfezionamento interiore, anche favorendo la riscoperta di valori e arti dello spirito che sono in parte nel nostro passato. Del resto, nel processo di globalizzazione culturale che appare inevitabile, e non è certo senza rischi, ogni cultura deve poter dare il suo apporto. Quello che sembra essenziale è che non vadano perduti i valori migliori. Non si tratta di diventare indiani, anche se si può ormai, in certi casi, diventare induisti. Ma è importante, almeno secondo l'autore di queste pagine, che questo incontro con tradizioni spirituali così ricche e significative avvenga nella consapevolezza di chi, partecipe della grande avventura intellettuale dell'Occidente, senza rinnegare questa ricchezza, ne voglia superare i limiti dilatandoli con quelle concezioni e pratiche che sono state la gloria dei saggi e dei sapienti dell'India.

L'induismo oggi

La situazione attuale è estremamente variegata. Tanta parte dell'induismo rimane immutata, ma lo sarà poi davvero in contesti che man mano cambiano in misura sempre più consistente? Mentre si tramandano riti e tradizioni di remota antichità, già il fatto che i nuovi mezzi di comunicazione di massa si affianchino a quelli in uso da millenni ha probabilmente un significato importante, anche se non sappiamo ancora valutarne tutte le implicazioni. Intanto, i mezzi di trasporto, il lavoro, la vita cittadina mettono insieme gente di caste diverse. La casta, in genere, ha invece ancora un gran peso nelle scelte matrimoniali.

L'India è entrata nella modernità, in qualche caso affronta baldanzosamente, in altri subisce preoccupata, la sfida della complessità in un mondo di grandi mutamenti, di sviluppo tecnologico esponenziale, d'intercomunicazioni sempre più facili, ma non di altrettanto facile comprensione reciproca. È soggetto attivo della ricerca scientifica d'avanguardia, di un grande sviluppo agricolo, ma resta anche un paese di drammatica povertà, di squilibri dolorosi e sempre meno tollerati tra le classi e tra i generi. Per molti il richiamo al passato, spesso vissuto con quel misto di rimpianto, di orgoglio e di affettuosa manipolazione che è tipico dei fondamentalismi, può costituire un sostegno forte, un'ancora di salvezza, uno strumento indispensabile per tutelare la propria identità. Abbiamo già visto il caso dell'Āryasamāj, che però rappresenta solo la punta di un iceberg, perché in effetti il revivalismo integralista induistico ha anche altri antenati: per esempio quegli intellettuali dell'800 che, per dotare di una forza sacrale la causa nazionale indiana, identificavano l'India con la Dea madre, con ciò dando una pesante impregnazione induistica, più che panindiana, al loro patriottismo. In questi ultimi decenni, anche come forse inevitabile *pendant* alla diffusione di altri fondamentalismi, i semi dell'integralismo induistico hanno dato molti frutti. Se già durante la lotta di liberazione dal dominio coloniale era emersa una corrente minoritaria a favore della violenza, tra l'altro con l'affermazione del movimento parafascista Rss, collegato agli uccisori di Gāndhī, oggi il fenomeno dell'integralismo è rampante e diffuso, spesso nelle forme sobrie di organizzazioni politiche democratiche quanto ai metodi di lotta, e quindi di partiti, tra i quali il più noto e potente è il Bhāratīya Janata Party («Partito del popolo indiano», siglato come BJP), ma anche di gruppi paramilitari, come la Śiv senā («Esercito di Śiva»), o di occasionali o programmati scoppi di violenza di massa, come, qualche anno fa, la distruzione della moschea di Ayodhyā. Non era questo l'induismo di Gāndhī, di Tagore, dei grandi santi della tolleranza e dell'amore, quello che ha affascinato tanti di noi. Certo, l'induismo aggressivo non è una novità: i gruppi di asceti guerrieri, in lotta contro i musulmani, ma anche tra di loro, talora perfino al soldo di principi musulmani, sono ben noti alla storia dell'India. L'augurio dell'autore di queste pagine è comunque che l'India, davanti al bivio di una scelta decisiva, sappia scegliere la via giusta, rispondendo in modi civili e nobili, come spesso è avvenuto in passato, alle sfide del nostro tempo.

3. *La realtà non umana*

Il cosmo dell'uomo indiano

Per gli indiani, come si è detto, l'universo non deve la sua esistenza a una volontà creatrice divina: è, senza principio e senza fine, coinvolto in un processo di perpetuo divenire, in un susseguirsi di cicli cosmici.

Gli indiani hanno avuto scarso interesse per la cronologia e per la misurazione precisa del tempo, si sono preoccupati piuttosto del tempo come forza suprema nell'universale caducità.

La loro concezione del tempo e del suo articolarsi attraverso il divenire ciclico risulta al meglio nei *Purāṇa*, che ne disegnano un insieme di grandezza annichilente. Per non smarrire subito un quadro di riferimento con misure non ancora spropositate conviene forse partire dalle ere (*yuga*) del nostro ciclo: che è cominciato, come secondo la tradizione greca, con un'età di grande perfezione (*satyayuga*, «*yuga* in cui trionfa la verità», chiamata anche *kṛtayuga*: le ere prendono nome dai colpi del gioco tradizionale dei dadi, *kṛta* era il colpo vincente) cui hanno tenuto dietro altre tre ere di decadenza progressiva: *tretā*, *dvāpara* e infine la nostra, *kaliyuga*, «età della discordia» (*kali*). Le ere sono di durata decrescente, in parallelo alla decadenza morale. Calcolando anche i crepuscoli precedenti e seguenti, la prima dura 4.800 anni divini (un anno divino equivale a 360 anni umani), la seconda 3.600, la terza 2.400, la quarta e ultima 1.200

anni divini. L'insieme degli *yuga* costituisce un *mahāyuga* («grande *yuga*»), per un totale di 12.000 anni divini. Mille *mahāyuga* costituiscono un *kalpa*, cioè un giorno del dio cosmico Brahman, la cui vita è di 100 anni, vale a dire 432.000.000.000 di anni divini. La progressiva decadenza va intesa *cum grano salis*: si racconta di personaggi efferati della prima età, che dunque non fu tutta di pace e buona vita. E non si deve avere una visione totalmente tragica della nostra era: tale è la sua infermità spirituale che, non essendo ormai più adatto nessun mezzo tradizionale di salvezza, si rivelano nuove vie estremamente più facili, come l'invocazione del nome divino.

La concezione indiana dell'universo è improntata alla stessa grandiosità: secondo un'immagine molto frequente è una specie di uovo, comunemente noto come *brahmāṇḍa* («uovo di Brahman»), formato da più strati concentrici, alcuni celesti (il mondo della verità, delle vacche, i cieli dei singoli dei, ecc.), scendendo fino al mondo della terra e alle regioni sotterranee, la più bassa delle quali è costituita dai *naraka*, gli «inferni», luoghi di punizione e di pena, peraltro generalmente considerate temporanee, anche se di durata lunghissima. La terra, poi, è suddivisa in sette parti concentriche, chiamate *dvīpa* («isole»), separate tra loro da sette oceani dai nomi fantasiosi (di vino, di latte, ecc.). Jambudvīpa («isola della melarosa») è il continente centrale, la cui parte più meridionale è l'India, Bhāratavarṣa, «terra» (propriamente «pioggia, versante») «dei discendenti di Bharata», il progenitore degli eroi del *Mahābhārata*.

Dio, gli dei

Le concezioni induistiche della divinità possono sembrare perfino contraddittorie: si parla con apparente *nonchalance* del numero degli dei dando le cifre più varie. Non solo: una divinità può assumere funzioni o aspetti di un'altra, assimilarla o subordinarla. Sono atteggiamenti attestati fin dagli inni vedici, come anche la tendenza a vedere un'unità di fondo.

Nel pieno dell'induismo postvedico, ma già in alcune *Upaniṣad*, la divinità suprema ha il nome generico di Īśvara («signore», «potente»), senza una necessaria identificazione (ma anche senza nulla in contrario) con qualche figura precisa del pantheon induista. La lettura devota di Īśvara come sommo dio, spirito supremo, lo identifica con dei come ad esempio Śiva, Viṣṇu.

La considerazione del dio supremo varia a seconda delle dottrine: per esempio nelle concezioni nondualistiche Īśvara non è identico al *brahman*, la realtà assoluta e infinita, ma ne è una proiezione personale sostanzialmente illusoria in un mondo anch'esso sostanzialmente illusorio; nelle concezioni teistiche non c'è differenza tra il dio supremo e il *brahman*, che, per così dire, è solo una sua denominazione filosofica, meno emotivamente impegnativa.

Col dio supremo si può identificare, ma non sempre, la cosiddetta divinità di elezione, cioè il dio con cui si ha un rapporto preferenziale di devozione e di affetto: può essere un dio caro per tradizione familiare, o perché in condizioni di pericolo o di bisogno si è rivelato pronto al soccorso, o perché per qualunque altro motivo è avvenuto un incontro gratificante tra umano e divino. Dal dio supremo si distinguono le divinità alle quali compete una particolare funzione, diciamo così, nell'amministrazione del mondo, o gli dei mitologici che vivono tra piaceri eccellenti nei loro cieli o paradisi: queste divinità, spesso decadute dal rango elevato del periodo vedico, fruiscono di una condizione che finirà quando si esauriranno i frutti delle opere che le hanno portate a tale posizione. Ad esse succederanno altre divinità con lo stesso nome e con le stesse funzioni.

Prima di parlare dei grandi dei, due osservazioni a proposito di figure divine particolari, investite anch'esse di funzioni specifiche. La prima riguarda Brahman, dio personale maschile: non eterno, diversamente dal *brahman* infinito, ma di vita lunghissima, è il dio cosmogonico che nasce al principio di ogni grande era in un fiore di loto spuntato dall'ombelico di Viṣṇu addormentato sul serpente divino Śeṣa («Resto», anche Ananta, «Infinito»). Erede forse della figura del tardovedico Prajāpati, ma con un rango di minor importanza, Brahman ha goduto forse in passato di una notevole popolarità, ma ormai il suo culto si concentra in un solo tempio, quello peraltro molto famoso di Puṣkar nel Rājasthān. L'altra osservazione concerne la Trimūrti, l'immagine della divinità in tre forme rappresentative dell'attività di origine, conservazione e distruzione del mondo. Tali forme sarebbero espresse, rispettivamente, da Brahman, Viṣṇu e Śiva. La Trimūrti, che ha ben poco a che vedere con la Trinità cristiana, non sembra che sia mai stata molto popolare, è piuttosto il risultato di un lavorio teologico a tendenza sincretistica e riprende atteggiamenti ben noti verso l'identificazione o la correlazione delle divinità. È attestata in documenti letterari dei primi secoli della nostra era, mentre rare sono le rappresentazioni iconografiche: la più famosa è quella di Ellora, nella quale Śiva occupa la posizione di centro, mentre Brahman e Viṣṇu emergono dal suo corpo. La bella immagine tricefala nel tempio dell'isola di Elefanta, nella baia di Bombay, un tempo si credeva rappresentasse questa concezione della Trimūrti, mentre ora appare molto più probabile che raffiguri tre aspetti di Śiva, sulla definizione dei quali non si riscontra però una piena concordanza di vedute. Di Śiva sono ben note altre immagini policefale, anche a cinque facce, e anche sotto forma di *liṅga* («fallo»).

Dei grandi e piccoli

Come si è detto, tre divinità sono soprattutto popolari, e da parecchi secoli, nell'induismo: Śiva, Viṣṇu e la Dea madre. A loro si richiamano varie correnti devozionali, secondo alcuni raggruppabili in tre vere e proprie religioni.

Śiva, a parte i possibili antecedenti nella civiltà di Moheñjodaro e di Harappā, e la presenza nella fase più antica del vedismo, ma solo come epiteto di Rudra, acquista vita propria alla conclusione di questo periodo, continuando in sé tratti caratteristici di Rudra, ma incorporandone vari di altre figure divine. Il che spiega la molteplicità delle forme e la varietà dei campi d'azione e dei poteri con cui si presenta nella fase matura dell'induismo. Innanzi tutto c'è uno Śiva violento e terribile, come suonano due suoi epiteti: sotto questo aspetto è identificato con il tempo distruttore, e con la morte. La famosa danza *tāṇḍava*, nell'atto della quale è spesso rappresentato (è Naṭarāja, «re dei danzatori»), rappresenta il suo potere di distruttore del mondo (ma anche di signore di tutto il processo cosmico). Śiva è anche il dio degli asceti, che cercano, o realizzano, la vittoria sul tempo: è il signore dello *Yoga*, il primo *yogin*. Viene rappresentato come un grande asceta: seminudo, con il corpo cosparso di cenere, cinto di teschi, adorno di serpenti, assiso in meditazione. Ma è anche dio molto meno tremendo di quanto non lascino pensare la violenza del distruttore o l'autoviolenza che si infligge l'asceta: è dio della fecondità e della generazione, adorato sotto il simbolo del *liṅga* (di varie specie: fisse, portatili, a una o più facce...), ha come necessaria controparte femminile la *yoni* («matrice»). Suo veicolo, cioè animale connesso, è il toro Nandin. È sposo felice di Durgā, ed è il padre del dio della guerra a sei teste, Skanda, e del signore degli ostacoli Gaṇeśa, dalla testa elefantina.

A Śiva si richiamano diverse correnti religiose. Lo śivaismo è un insieme molteplice di credenze, culti, dottrine. Sappiamo qualcosa dei suoi devoti quando sono confluiti in gruppi; mentre dei suoi devoti singoli non sappiamo nulla, tranne che per i casi di personaggi eccezionali che hanno lasciato memoria di sé. Le più antiche testimonianze dell'esistenza di devoti di Śiva risalgono a prima dell'inizio della nostra era. I secoli seguenti ci trasmettono una documentazione imponente. La diffusione dello śivaismo fu favorita da dinastie regali, come i Cola nell'India meridionale, da dove lo śivaismo si diffuse poi nel Sudest asiatico.

Tra le correnti śivaite più antiche merita una menzione quella dei Pāśupata («seguaci del Signore degli animali»), asceti dediti a una vita volutamente indecorosa: erano sporchi, russavano e facendosi deridere credevano così di acquisire merito spirituale. Degni d'interesse anche i seguaci dello Śiva terrifico, dediti a sacrifici umani: come i Kāpālika, gli Aghora. Śivaita è quella tradizione nondualistica, attestata soprattutto in Kaśmīr, che insiste sull'identità con Śiva, identità reale, ma che dobbiamo saper riconoscere. Altre forme di śivaismo sono invece dualistiche, come lo *Śaivasiddhānta*, che insegna le vie verso l'unione col dio, alla quale si giunge con la purezza, la preghiera, la meditazione. Notevole, infine, il movimento dei *Vīraśaiva* («eroi śivaiti»), detti anche *Liṅgāyat* («portatori del *liṅga*», per la loro abitudine di portarlo addosso, al collo o al braccio): la loro fondazione si deve probabilmente a Bāsava, un brahmano che fu anche ministro di uno stato del Deccan (verso il 1156). I *Liṅgāyat* portarono una forte carica d'innovazione sociale, di critica del sistema delle caste, ma poi anche al loro interno si sono sviluppate suddivisioni di tipo castale. Per i *Liṅgāyat* Śiva è l'assoluto eterno, perfetto e beato, il sommo dio personale: è grazie alla mistica dedizione a Lui che si può raggiungere la liberazione dalla catena delle rinascite.

Dati gli stretti legami anche matrimoniali tra Śiva e la Madre divina, è opportuno continuare il discorso parlando di questa.

Le prime testimonianze di un culto di divinità femminili, comunque allora fossero intese, risalgono alla civiltà vallinda, le cui immagini ci inducono a ipotizzare il culto di una signora della fecondità, della vita e forse, come nei ritmi della natura, della morte e della rinascita. Molto poco evidente nel periodo vedico, che conosce solo divinità femminili minori (e anche, sullo sfondo, la diade divina cielo-terra, forse antecedente lontano di concezioni dualistiche), la sacralità femminile riemerge come fenomeno centrale dell'induismo: sono sia grandi dee conosciute e cantate nella tradizione dell'induismo alto, sia piccole dee di villaggio e dei crocicchi, figure, nell'un caso e nell'altro, volta a volta, benefiche e tremende. Tra di esse la sposa di Śiva ha una posizione di assoluta eccellenza. Viene chiamata con una serie inesauribile di epiteti, talora differenziati a seconda del luogo di culto: per esempio, oltre che Kālī («Nera»), Durgā («Inaccessibile»), Pārvatī («Montanara», cioè figlia del Himālaya), Umā, che sono tra i suoi nomi più comuni, Annapurṇā («Piena di cibo») a Banaras, Kāmākṣī («Occhi d'amore») a Kāñcī, Mīnākṣī («Occhi di pesce») a Madurai. Dietro a ciascuno di questi nomi c'è un'intuizione numinosa, delle storie sacre, uno stile di devozione. Per esempio Kālī, adorata soprattutto nell'India nordorientale, in particolare nel Bengala, viene rappresentata completamente nuda, il volto minaccioso, con la lingua spinta in fuori, adorna di teschi e di mani mozzate, le braccia armate. Un tempo per lei si compivano anche sacrifici umani, oggi continuano, spesso malvisti da indiani di altre tradizioni, quelli animali. Si ricorda celebrandola che ha ucciso un demone-bufalo, e il sacrificio cruento riattualizza quel fatto mitico. Terribile con i nemici, la Dea è tutta amore per i suoi fedeli: un poeta mistico bengalese, Rāmprāsād Sen, parlando dell'orrida Kālī, la chiama pazza, ma allora vuol farsi pazzo con lei, talora ne lamenta la durezza (degna figlia del padre Himālaya!), talora invece canta estasiato la tenerezza del suo amore materno.

Della Dea è possibile anche una lettura di alto livello metafisico che vede in lei, in realtà, la sacra potenza (*śakti*) del dio. Alcune tradizioni mettono in primo piano il dio, che è soprattutto Śiva, altre appunto la *śakti*, senza la quale il dio non sarebbe attivo, ha bisogno di questa polarizzazione protosessuale. C'è un'immagine tanto bella quanto popolare (la si trova anche in stampe dozzinali) della Dea che danza sul cadavere del marito (*Śavaśiva* «Śiva cadavere»), a significare che, senza l'eccitazione prodotta dalla polarità femminile, la realtà sarebbe un oceano immoto. Sotto questa forma di potenza la Dea è il principio di ogni divenire, la natura madre universale, l'origine prima della *māyā*, l'illusione, il potere magico che fa vedere i mondi... Soprattutto è anche la potenza in noi, strumento di liberazione: la *kuṇḍalinī*, il serpente arrotolato che preclude l'accesso ai livelli più alti della coscienza, ma che anche, una volta risvegliato, apre la via verso la perfezione e la beatitudine.

Anche la sposa di Viṣṇu può, per certi aspetti, e in determinati casi, fungere da *śakti*. Si tratta di una figura divina che soltanto di rado è assurta al primato; più spesso appare felice del suo ruolo coniugale e materno, sostanzialmente mitologico. Ma è molto popolare, per la sua stessa natura e funzione. Si chiama Lakṣmī o Śrī (anche nome comune, addirittura prefisso ai nomi propri in segno di buon augurio: *śrī* in effetti sta per «fortuna, successo»). È la dea della fortuna, della ricchezza, della bellezza, dell'amore, ma senza le tonalità di erotismo più o meno scandaloso che gli antichi collegavano con Venere Pandemia.

Anche di Viṣṇu, l'altro dio supremo, e dio unico per molti suoi seguaci, che condivide con Śiva questo primato, si può dire che ha antecedenti vedici tutto sommato modesti. Va però precisato che nella fase vedica più antica Viṣṇu è comunque più importante di Śiva: dio vero, alleato e amico di Indra. Di lui già si sottolinea la sperimentata disposizione amichevole nei confronti degli uomini o di un gruppo particolare («In passato abbiamo conosciuto la tua benevolenza, come di un amico»), e si parla di tre suoi passi: la tradizione induistica darà rilievo al profondo valore simbolico di questi tre passi, dimostrazione del carattere immanente e al tempo stesso trascendente del dio. In seguito Viṣṇu ha raggiunto quella condizione suprema di cui gode ormai da circa due millenni: elemento essenziale di questo processo è stata senza dubbio l'incorporazione nella sua storia sacra di figure divine in origine indipendenti, poi considerate sue manifestazioni o «discese» (*avatāra*), alcune delle quali (Rāma e Kṛṣṇa) sono in realtà dei supremi spesso ancor più popolari di Viṣṇu stesso; ma su questi si veda il prossimo paragrafo.

Viṣṇu ha vari nomi ed epiteti (tra i quali Hari, Nārāyaṇa, Madhusūdana, cioè «Uccisore di Madhu», un demone che metteva in pericolo l'ordine del mondo); comunemente è raffigurato come un giovane quadrumane, con le braccia che reggono una clava, un disco, un fiore di loto e una conchiglia, il corpo è blu scuro; porta il gioiello Kaustubha, e i peli sul suo petto formano un ricciolo, lo Śrīvatsa («Amato da Śrī»).

Soltanto un cenno è possibile dedicare ad altre figure divine. Ma prima ancora va ricordato il raggruppamento divino riconosciuto dagli *Smārta*, i «tradizionalisti» continuatori del rituale domestico vedico che cercano una qualche forma di contemperamento tra le diverse correnti teistiche: di solito adorano Viṣṇu, Śiva, Durgā, Sūrya («Sole») e Gaṇeśa, pur riconoscendo anche altri dei. Il culto di Sūrya è stato a lungo molto diffuso, forse anche per effetto di influenze iraniche, analoghe a quelle che nell'impero romano ispirarono il culto del Sole invitto. Da tempo però questo dio non gode più di grande popolarità al di fuori di questa pentade. Diverso è il caso di Gaṇeśa o Gaṇapati, quanto meno lambito dall'enorme popolarità dei suoi genitori: la corrente autonoma dei suoi devoti più diretti, i Gāṇapatya, non ha più da secoli un'effettiva importanza, però Gaṇeśa resta un dio popolare per chi è in difficoltà. A volte nel culto *smārta* qualche figura divina è sostituita da un'altra, e altre se ne possono aggiungere.

I poteri e le funzioni delle altre divinità di origine vedica sono per lo più molto ridotti, alcune ormai sono solo figure mitiche, se non esclusivamente letterarie: è il caso anche di Indra, divenuto capo dei Lokapāla, i custodi dell'universo, dio della pioggia e supermago; di Agni, divenuto anche protettore dell'arte culinaria; di Varuṇa, divenuto dio delle acque, ma ancora con qualche funzione di giudice giustiziere; e infine di

Yama che appare sempre più come il mitico dio della morte, terribile, certo, ma, come ci narra l'episodio mahābhāratiano di Sāvitrī (forse personificazione della preghiera omonima), non insensibile alla voce di una moglie fedele. Meritano una menzione Kubera, il nano panciuto signore delle ricchezze e dei tesori, e soprattutto Kāma, «Amore» (Kāma è anche nome comune dell'amore come desiderio e pratica sessuale), chiamato anche Anaṅga («Senza membra, Incorporeo»), perché Śiva, che Kāma voleva indurre a sposare Pārvatī, ponendo fine a uno stato di vedovanza trascorso in durissima ascesi, lo incenerì con il suo terzo occhio – ma poi cedendo alle preghiere della moglie di Kāma, Rati («Voluttà»), gli ridiede un corpo sotto la forma di Pradyumna, figlio di Kṛṣṇa.

Come Indra è il signore dei Lokapāla, Kubera lo è degli Yakṣa, sorta di geni della vegetazione e dei villaggi, non sempre benevoli, come tutt'altro che benevole appaiono spesso le loro femmine, le Yakṣiṇī, indiziate di ratto di bambini a scopo malefico. In questo quadro rientrano anche vari altri gruppi di esseri, se non divini, quanto meno non umani, dei quali comunque può essere utile avere notizia, se non per altro, per intendere certi riferimenti letterari o certe immagini. Ricordiamo le splendide Apsaras, ninfe voluttuose; i Gandharva loro compagni, variamente rappresentati con tratti centaureschi, musici celesti dal ruolo eminentemente amoroso (da loro prende nome un tipo di matrimonio, l'unione di amore); i Vidyādhara, che volano per l'aria e si possono trasformare a piacimento; i Nāga, con testa umana e corpo di serpente, custodi delle ricchezze, nella cui figura semiferina si può forse vedere una mitizzazione di popolazioni aborigene anche delle regioni del Sudest asiatico; i grandi veggenti vedici (*ṛṣi*), sette dei quali sono identificati con l'Orsa maggiore; i Manu, nostri progenitori nei vari cicli. Gli Asura, rivali sconfitti dei Deva, sono sempre più decaduti (vivono in palazzi infernali costruiti dal loro architetto Maya). Altri gruppi sono specializzati nel far male: i Rakṣas o Rākṣasa (eufemisticamente, i «Protettori»), i Piśāca, mangiatori di carne cruda, dai quali prende nome il tipo più spregevole di matrimonio, l'unione per ratto, i Vetāla, cioè i vampiri.

Nell'induismo tutto può essere divinizzato – meglio sarebbe dire soprannaturalizzato – in una linea di grande fluidità, che va dagli dei alle forme infime dell'essere. Tra gli animali la venerazione così diffusa e famosa per la vacca, i cui prodotti, inclusa l'urina e gli escrementi, possono essere utilizzati per riti e cure, ha la sua controparte nella credenza in Surabhi («La profumata»), la vacca soprannaturale che esaudisce i desideri (Kāmaduh); del toro Nandin si è già parlato; su Ananta o Śeṣa, un serpente, posa Viṣṇu; Vāsuki, un altro serpente, è usato come frusta quando gli dei frullano l'oceano di latte per ottenere l'ambrosia; Garuḍa, avvoltoio gigante che funge da cavalcatura di Viṣṇu, è un essere misto umano-animalesco, celebrato soprattutto come nemico dei serpenti; il *haṃsa*, una specie di oca selvatica, il cui nome spesso, essendo l'intelligenza e spiritualità delle oche non troppo apprezzate dalle nostre parti, traduciamo con «cigno», è passato, grazie a un gioco di parole consentito dalla fonetica sanscrita, a simboleggiare lo spirito ed è divenuto nome di una categoria di asceti (Paramahaṃsa, «*haṃsa* supremo», per esempio è chiamato Rāmakṛṣṇa). Tutta una ricca fioritura leggendaria è cresciuta attorno a certe figure di volatili, leggendari o reali, come il *kokila*, il cui canto eccita il desiderio degli innamorati, il *cātaka*, che si nutre delle gocce di pioggia, il *cakora*, che si ciba dei raggi lunari... Anche molte piante vengono investite di valori e funzioni sacrali: se la pianta più sacra, quella da cui si ricava il *soma*, è ben presto uscita dal culto (si dice che ne è andato perduto il segreto), degli alberi sono tuttora venerati e qua e là si celebrano ancora matrimoni tra di essi. Particolarmente apprezzati sono certi tipi di fico, quali l'*aśvattha* (*ficus religiosa*, l'albero sotto il quale il futuro Buddha raggiunse il risveglio spirituale), il *nyagrodha*, cioè il banyan dai rami che toccando terra diventano radici. Il basilico (*tul(a)sī*), simbolo di Lakṣmī, la dea moglie di Viṣṇu, è pianta sacra dei viṣṇuiti (Tulsīdās, «Servo del basilico», è il nome di un famosissimo poeta viṣṇuita *hindī*), e Lakṣmī ha anche nomi femminili del loto (*padma*, ecc.), pianta dai forti valori simbolici (si parla di loto del cuore, ecc.). Ma la sacralità si estende anche alla natura che definiremmo inanimata: ci sono monti sacri come il Meru, l'asse del mondo, e la catena himālayana è personificata nel dio padre delle dee Gaṅgā e Pārvatī. Sacri sono i fiumi come la vedica Sarasvatī, la Yamunā, la Kṛṣṇā; sopra a tutti il Gange, la madre Gaṅgā, centro di molte tradizioni mitiche, di rituali e pellegrinaggi, in particolare alle sorgenti, alla confluenza con la Yamunā, alle scalinate (*ghāṭ*) di Banaras. E sacre possono essere le pietre, come lo *śālagrāma*, simbolo di Viṣṇu. Quello induistico è un mondo in cui il divino è una presenza molteplice e costante: laddove si potrebbe pensare con faciloneria che si tratti di credenze rozze, certi teologi vedono invece il segno della condiscendenza divina per la nostra debolezza.

Le discese («avatāra»)

Gli dei induisti possono manifestarsi in più forme: questo polimorfismo, noto fin dai tempi vedici, costituisce il fondamento della credenza negli *avatāra*, termine che significa «discesa», specificamente la discesa di un dio, e indica anche la forma che assume. Non si tratta, come spesso si dice, di incarnazione, un concetto cristiano che ha altre valenze, quanto piuttosto di manifestazioni in forme umane, animali, ma anche vegetali. È una concezione grandiosa che ben esprime il perpetuo fluire della sacralità nelle diverse forme.

A molti dei si attribuiscono *avatāra*, ma Viṣṇu è il dio che discende per eccellenza. La sua stessa natura benigna e propensa ad aiutare lo predispone a questa connessione particolare: gli *avatāra* hanno in genere una finalità benefica. I teologi ne hanno distinto livelli e gradi differenti di completezza, ma qui non possiamo seguire queste sottigliezze. È meglio prestare attenzione alle forme principali. Degli *avatāra* sono state redatte varie liste, ma da parecchi secoli ne troviamo una di dieci che ha finito per prevalere, ovviamente senza nessuna pretesa di esclusivismo dogmatico. Accanto a essa sono rimaste in vita altre identificazioni, ma senza la sua autorevolezza, e varie correnti spirituali che fanno capo a un maestro di particolare rilievo hanno portato, com'è successo nell'800 per Rāmakṛṣṇa, il loro contributo di aggiunte o sostituzioni a questo elenco, per integrarlo nella loro particolare prospettiva. I dieci *avatāra* della lista più prestigiosa sono:

1) Matsya («Pesce»): in questa forma Viṣṇu salvò dal diluvio universale Manu, progenitore dell'umanità nel settimo ciclo cosmico, portando a salvezza la sua barca; 2) Kūrma («Tartaruga»): assumendo questa forma Viṣṇu si posò sul fondo dell'oceano di latte e servì da piedistallo al monte Mandara con il quale dei e demoni, dopo aver legato attorno al monte il serpente Vāsuki, frullarono il mare, per ricavarne la bevanda dell'immortalità; 3) Varāha («Cinghiale»): in tale forma Viṣṇu trasse dal fondo dell'oceano la terra, che vi era stata scaraventata da un demonio; 4) Narasiṃha («Uomo-leone»): un demonio aveva ottenuto il dominio sul mondo e la promessa di essere invulnerabile sia di giorno che di notte da parte di dei, uomini, animali, e tormentava gli esseri viventi; l'Uomo-leone, essere misto, lo uccise al crepuscolo; 5) Vāmana («Nano»): Viṣṇu, presentatosi con l'aspetto di un nano a un demonio che aveva conquistato la signoria universale, ne ottenne tanta terra quanta avrebbe potuto percorrere in tre passi; riprendendo il suo aspetto normale occupò con quei tre passi tutto l'universo fino al cielo più alto, lasciando al demonio l'inferno; 6) Paraśurāma («Rāma con la scure»): in questa forma Viṣṇu ha fatto strage dei guerrieri che ambivano al primato a danno dei brahmani; 7) Rāma: Viṣṇu avrebbe assunto questa forma per poter uccidere Rāvaṇa,

il mostro a dieci teste; Rāma diventò sempre più un dio sommo, per molti devoti il dio unico, in particolare amato da quanti, come Gāndhī, vedono in dio la somma dei valori morali e sociali più alti; 8) Kṛṣṇa (letteralmente: il «Nero»): come tale Viṣṇu nacque in una famiglia principesca spodestata dall'usurpatore Kaṃsa. Per sfuggirgli fu fatto crescere di nascosto tra coetanee vaccare (*gopī*), delle quali diventò l'amante riamato, in particolare legandosi in un rapporto capriccioso e appassionatissimo a Rādhā. Le vicende di questo amore hanno costituito il centro di una ricchissima mistica erotica, con una vastissima produzione letteraria. Ucciso Kaṃsa, Kṛṣṇa prese anche parte alla guerra cantata nel *Mahābhārata*, con l'incarico di auriga del nobilissimo eroe Arjuna, ma rivelandosi nella *Bhagavadgītā*, inserita appunto nel *Mahābhārata*, come dio sommo, anzi unico, e sacra infinita realtà; 9) Buddha: assumendo questa forma Viṣṇu avrebbe avuto lo scopo di indurre all'abbandono dei riti vedici l'umanità ormai decaduta, affrettandone la rovina: cosa non in contrasto con le generali finalità benefiche degli *avatāra*, perché così Viṣṇu avrebbe accelerato la catastrofe che precede l'avvento di un'età più pura; 10) Kalkin, l'*avatāra* del cavallo bianco, rappresentato anche con testa equina e corpo umano: in questa forma, espressione di concezioni escatologiche di scarso rilievo nell'esperienza devota, Viṣṇu alla fine della nostra era premierà i buoni, punirà i cattivi e restaurerà l'età dell'oro.

Tra gli *avatāra* di questo elenco, a parte il Buddha, la cui interpretazione obliqua e storicamente infedele è un segno della difficoltà in cui si trovava l'inclusivismo induista alle prese con una realtà difficilmente digeribile, soltanto Rāma e Kṛṣṇa sono oggetto di un vero e grande culto. In effetti sono due tra gli dei più importanti dell'induismo, per i loro rispettivi devoti il dio supremo o addirittura il dio unico, tanto che è possibile perfino riconoscere l'esistenza di loro *avātāra*: per esempio fu considerato tale il grande mistico kṛṣṇaita Caitanya.

Il gioco divino

Molti *avatāra* sono davvero impegnati in grandi imprese. Molto da fare hanno anche i grandi dei anche quando non «discendono», e molto gli dei vedici. Impegni seri, i loro, ma anche una vita di piacere, di eros. Di gioco (*līlā*). Aspetti giocosi compaiono qua e là, in un complesso tradizionale che apprezza la gioia, il riso. Ma il gioco ha anche un ruolo fondamentale nelle spiegazioni teistiche delle origini del mondo. Se Dio in qualunque modo ne è l'origine, non può essere spinto da alcun bisogno, perché non manca di nulla. E dunque dà origine al mondo per una sua libera esuberante creatività: il gioco, che è attività non necessitata da alcunché.

Questa concezione ha avuto grandi sviluppi soprattutto nella *bhakti* di Kṛṣṇa, non soltanto come spiegazione *sui generis* della «legge» della produzione dei mondi, ma come caratterizzazione di tutto l'agire del dio, giovane amante appassionato ma capriccioso, briccone però per gioco, e per questo tanto più desiderato con struggimento. Questo gioco continua in eterno nel paradiso kṛṣṇaita, e vi prendono parte non solo il dio e le amatissime *gopī*, ma anche – somma beatitudine – i devoti assunti in cielo.

Anche se alcuni maestri di pensiero riconoscono l'importanza del gioco nell'evento originario, una risposta più filosofica al problema del principio fu trovata ricorrendo piuttosto al *karman*. Ma, come si è visto, la *līlā* non è soltanto il grimaldello per aprire la porta che ci impedisce l'accesso alla conoscenza del mistero delle origini; per i seguaci di certa *bhakti* è molto di più: uno stile di vita e di amore che non deve avere mai fine.

Miti e leggende

Le tradizioni induistiche, con una ricchezza fastosa paragonabile a quella figurativa dei grandi templi, brulicano di racconti di dei, di esseri comunque non umani, di santi, e tentare una qualche forma di classificazione di queste storie, nate da una possente fantasia mitica, è un'impresa veramente difficile. Qualcosa si è già visto. Però almeno un cenno appare necessario perché questi miti e queste leggende sono patrimonio comune e costituiscono ancora un modello di comportamento per tanti induisti, come può mostrare, piccolo ma non insignificante indizio, una polemica sul comportamento delle donne indiane che è finita anche sulla stampa: c'era chi di fronte all'abitudine di truccarsi invitava le donne indiane a imitare le eroine mitiche, le quali non si truccavano, e chi, magari credendosi più aperto e moderno, in realtà restando nello stesso ambito di riferimento, ribatteva che anche queste donne ammiratissime si truccavano.

Moltissimi miti raccontano delle origini, e, trasmessi in un'atmosfera profondamente evocativa, le riattualizzano. Si sono già visti i miti delle origini del mondo mediante lo smembramento dell'Uomo (Puruṣa), di fondazione del cosmo con la vittoria del dio Indra su Vṛtra. Ci sono miti delle origini dei fiumi – come quello della discesa dal cielo della divina madre Gaṅgā –, dell'uomo, del *liṅga*, del cibo d'immortalità, di certi culti. Per esempio è molto apprezzata, soprattutto nel Bengala, la storia dell'affermazione contrastata (un po' simile a quella di Dioniso tra gli dei dell'Olimpo), della dea guercia Manasā, la signora dei serpenti, nata dallo sperma di Śiva caduto su una foglia di loto e legata al dio da un rapporto incestuoso. Il racconto della sua ascesa, dall'adorazione di gente delle classi basse fino al successo anche tra esponenti di spicco della società, costituisce il tema di vari poemi popolari (*Manasāvijaya*, *Manasāmaṅgal*). Altri miti narrano le origini di rituali, voti, pratiche.

Ricchi repertori di miti e leggende sono i grandi poemi epici e i *Purāṇa*. Spesso la loro narrazione è sommaria: evidentemente erano già molto conosciuti, ma venivano ripresi, oltre che per il piacere di raccontarli, perché potevano dare consiglio o conforto in determinate situazioni. Per esempio nel

Mahābhārata i fratelli Pāṇḍava ne ascoltano molti durante l'esilio a cui sono costretti nella foresta. In effetti il poema è una fonte ricchissima di storie divine e eroiche, come quella del vecchio re Yayāti, che non vuole morire e ottiene dal figlio minore la giovinezza, ma poi, dopo una quantità sterminata d'anni di piacere, gliela restituisce e si fa eremita; o la storia, già citata, di Sāvitrī; o quella di Nala e Damayantī, che s'innamorano senza conoscersi «com'uom per fama s'innamora»: Damayantī preferisce Nala agli dei che avevano preso il suo aspetto, riconoscendo l'amato per i tratti caratteristici della sua fisicità umana (suda, batte le ciglia e ha i piedi impolverati), ma la loro unione incontra grandi difficoltà perché Nala, travolto dal demone del gioco, abbandona la moglie, ma poi i due innamorati si ricongiungono felicemente. E tantissime altre storie: del re Śibi, modello di sacrificio di sé, che si offre in pasto a un falco per salvare una colomba; delle peripezie ma infine del felice amore per il re Duṣyanta di Śakuntalā, la cui storia costituirà poi il tema di un capolavoro di Kālidāsa. Il genio letterario dell'India si è espresso con particolare ricchezza nella leggenda e nella fiaba. In alcuni racconti però possiamo scorgere un ricordo leggendario di fatti reali, come nella storia di Paraśurāma, che documenta contrasti per la supremazia nella società tra i sacerdoti e i nobili guerrieri. Non poche di queste tradizioni hanno tratti che troviamo anche altrove, per esempio nel mondo mediterraneo antico (e si è pensato che siano eredità di una cultura preindoeuropea): per esempio i caratteri che fanno riconoscere gli dei, o comunque gli esseri non umani, anche se nascosti in forma umana. Kṛṣṇa, poi, ha suggestive affinità con Achille: cresce, sia pure per sfuggire alla persecuzione del crudele Kaṃsa, nascosto tra le pastorelle, e, secondo una tradizione che evidentemente lo considera sia pure *pro tempore* come un essere straordinario ma perituro, è vulnerabile solo in un tallone, e come Achille qui viene colpito e muore.

4. *Le forme della vita*

L'uomo e il suo destino

Di solito noi vediamo l'uomo come un «insieme» di corpo e di qualcos'altro (coscienza, anima), però non pochi esoteristi, occultisti e spiritisti e, sul versante opposto, i materialisti la pensano diversamente. Per gli indiani le cose sono più complesse. La *Taittirīya-upaniṣad* parla di cinque «involucri» (*kośa*: anche «tesori») che, via via più sottili, nascondono il principio autentico del nostro essere: sono fatti di cibo, di soffi vitali, di pensiero, di coscienza e di beatitudine. Altre concezioni molto diffuse, sviluppate soprattutto in ambiente yogico e tantrico, distinguono – oltre allo spirito e al corpo materiale, il corpo sottile, che, pur sempre appartenendo al mondo della natura, consta della parte meno grossolana di questa ed è percorso da migliaia di arterie (*nāḍī*). Le più importanti sono *Iḍā* a sinistra, *Piṅgalā* a destra e *Suṣumnā* al centro. Costituiscono una specie di spina dorsale non fisica: lungo la *Suṣumnā* sono collocati vari cerchi (*cakra*) che partono dal perineo e simboleggiano stati di coscienza sempre più elevati, cui si può accedere in condizioni particolari (vedi cap. 5).

L'esperienza quotidiana dell'uomo, secondo la *Māṇḍūkya-upaniṣad*, che sviluppa una breve analisi dei suoni che compongono, secondo la fonologia indiana, la sillaba sacra *oṁ*, si svolge attraverso tre stati di coscienza: di veglia, nel quale si conosce il mondo materiale; di sogno, in cui si ha esperienza di un mondo separato; di sonno profondo, che viene chiamato «di coscienza» (*prājña*): infatti, in contrasto con quello che pensiamo comunemente, il sonno senza sogni viene ritenuto una condizione nella quale la coscienza è vigile, come può provare per esempio il fatto che svegliandoci diciamo di non aver sognato (dunque c'era un principio cosciente attivo, anche se privo di contatti con qualcosa di esterno da conoscere). La *Māṇḍūkya* parla poi di un quarto stato per il quale le parole umane sono insufficienti, e che viene appunto chiamato il quarto: è la realtà infinita nonduale del *brahman* supremo. Ma qui siamo evidentemente ben al di fuori della nostra esperienza quotidiana.

Quando si muore, il corpo fisico si dissolve negli elementi di cui è composto, mentre il corpo sottile trasmette al nascituro caratteristiche e predisposizioni secondo il maturare del *karman*.

Quella del *karman* è una dottrina panindiana (solo i materialisti la respingono esplicitamente) ed è di fondamentale importanza. Originariamente *karman* significa azione, nel *Veda* l'atto rituale, poi anche i suoi frutti, certi anche quando invisibili. Questo valore si mantiene anche in seguito, ma diventa molto frequente l'uso di *karman* nel significato di «(legge di) retribuzione degli atti compiuti», come appare già dalla *Bṛhadāraṇyaka-upaniṣad*, dove Yājñavalkya, insistendo sulla segretezza della dottrina che sta per insegnare, in risposta alla domanda su dove sia l'uomo morto dopo la dissoluzione del corpo, parla del *karman*, perché buoni si diventa per azioni buone, cattivi per le cattive. È un discorso che sia pure con estrema brevità presenta il *karman* come, forse, unica realtà sopravvivente, in ciò probabilmente precedendo analoghe concezioni buddhistiche.

La dottrina del *karman* è strettamente connessa con l'altra, pure panindiana, del *saṃsāra*, il processo infinito del divenire di tutta la realtà, la catena senza principio e, tranne casi speciali, senza fine delle rinascite e delle rimorti. Il *saṃsāra* non è un meccanismo casuale, lo governa il *karman*. Secondo le esposizioni più mature della dottrina, le azioni sono sempre seme che fruttifica, per lo più in altre vite. Ma in ciascuna di queste, almeno in quelle in cui si è in grado di agire, si agirà, gettando altri semi di frutti futuri: ecco perché il processo, a meno che non lo si tronchi liberandosi, è inesauribile.

Di solito si riconoscono tre fasi di sviluppo del *karman*: quello «cominciato» (*prārabdha*), che cioè, giunto a maturazione, sta già dando frutti nell'esistenza presente; quello «accumulato» (*saṃcita*), che, messo insieme nelle vite passate, sta ancora maturando i suoi frutti; «quello in processo di accumulazione» (*saṃcīyamāna*, anche *āgāmin*, «che sta arrivando»), cioè che si semina nell'attuale esistenza e darà frutto in vite future.

Il *karman* è di colori diversi: nero per il malvagio; bianco per chi è virtuoso; bianco e nero quello della gente comune, la cui attività è un misto di bene e male in varie gradazioni. Tutti questi tipi di *karman* danno frutti corrispondenti. Invece il *karman* dell'adepto dello *yoga* non è né bianco né nero, e non dà frutti.

Si possono avere rinascite diversissime a seconda del *karman* che al momento della morte è più pronto per la piena maturazione e che, essendo più forte, dà l'impronta dominante di predisposizioni, tendenze, tracce di memoria, che si aggregano in vario modo e si manifestano al momento opportuno. Purtroppo, non in tutti i tipi di esistenza si può accumulare merito spirituale come nella vita umana, che quindi ha una posizione di assoluta centralità nel cammino del perfezionamento interiore; ma vi si può giungere o tornare grazie allo sviluppo di semi remoti.

Il *karman*, ci viene spesso detto, ha una forza insuperabile. Questa non è necessariamente una concezione fatalistica, può portare alla rassegnazione ma non preclude la speranza, anche se si può ammettere che, in connessione con il sistema delle caste a cui fornisce una poderosa motivazione, non abbia giocato a favore di un grande dinamismo nella società. In generale si può dire che la dottrina del *karman*, risposta indiana al problema del determinismo e del libero arbitrio, pone un vincolo derivante dal passato per il presente, ma lascia una relativa libertà per il futuro.

Esistono alcune possibilità di alleviare o addirittura «inaridire» il *karman*. Ci sono rituali di espiazione per chi si è macchiato di colpe, specie se gravi. Alcune dottrine riconoscono la possibilità di un trasferimento del merito, per esempio da un maestro a un discepolo. In certo senso questo è il caso anche dei riti per i defunti, che, grazie ai vivi, ne migliorano le condizioni nell'aldilà. Nelle tradizioni dell'amor mistico Dio è superiore al *karman*, e può liberarne in tutto o in parte il devoto. Ma la spiritualità indiana riconosce soprattutto alle discipline ascetiche e gnostiche la capacità di annullare trionfalmente il *karman*, grazie alla liberazione spirituale (*mokṣa*, *mukti*), che talora si raggiunge soltanto alla morte (*videhamukti*, «liberazione senza corpo»), altra volta invece ancora in vita (*jīvanmukti*, «liberazione da vivente»): in quest'ultimo caso il corpo resta vivo finché permangono impulsi karmici, come la ruota del vasaio gira finché non si è esaurita la spinta.

L'organizzazione sociale: classi e caste, purezza e impurità

Che la società induistica sia organizzata in caste (la parola, di origine portoghese, equivale a «lignaggio») è cosa ben nota. È un insieme di strutture così caratteristico del mondo indiano da permeare anche tradizioni non induistiche. Purtuttavia nell'induismo conosce una tal forza pervasiva da indurre alcuni a identificarlo come componente essenziale dell'induismo stesso. Conosciuto fin dai primi contatti degli europei con l'India, il fenomeno casta non è facile da definire. Ogni casta costituisce un gruppo sociale ereditario chiuso, prevalentemente ma non esclusivamente di natura professionale, legato a norme precise per il matrimonio e la commensalità, praticati solo al suo interno, e s'inquadra in un complesso sistema gerarchico diffuso, anche se non in modo uniforme, attraverso tutta l'India: del resto, l'idea di una gerarchia di tutti gli esseri, dal dio Brahman ai più umili, è tipica dell'induismo.

La suddivisione della società in ceti diversi ordinati gerarchicamente risale almeno alle origini indoeuropee, e, come si è visto, è consacrata dall'infallibile validità del *Ṛgveda* nell'inno 90 del decimo libro. Risulta chiaro da questo inno quale sia il dovere dei singoli *varṇa*: i sacerdoti hanno compiti sapienziali e didattici, oltreché, ovviamente, ritualistici; i nobili guerrieri devono combattere per proteggere i sudditi e in genere usare la forza, o la sua minaccia, per garantire l'ordine (ma hanno anche il compito di studiare, donare, far compiere sacrifici, sostenendo la classe brahmanica con varie forme di supporto economico); la gente comune, i *vaiśya*, attende all'allevamento del bestiame, all'agricoltura, all'artigianato e al commercio, ma anche a doveri di studio e rituali; il compito dei servi (*śūdra*), infine, è dichiarato dal loro stesso nome: servire le tre classi superiori, i cui uomini costituiscono gli *dvija*, i «nati due volte», cioè nati a nuova vita dopo la cerimonia dell'iniziazione, dalla quale i servi sono esclusi.

Accanto al termine *varṇa*, che indica queste quattro grandi classi, compare, in un rapporto non sempre chiaro con esso, la parola *jāti* («nascita»), usata comunemente per le vere e proprie caste, che sono varie migliaia, una realtà complessa e intricata che deve la sua origine a fattori molteplici (sono caste anche alcuni gruppi religiosi, genti tribali recepite nella società induistica in varia epoca, ecc.). Le caste rispondono a un'esigenza di distribuzione nell'ordine sacro. Massimamente impuri, perciò collocati al di fuori dei quattro *varṇa*, e variamente denominati, sono quindi i fuoricasta, gli intoccabili (noi generalizzando usiamo il nome di un gruppo particolare, quello dei paria). Sono coloro che discendono da rapporti sessuali nei quali la donna è di casta molto più elevata di quella dell'uomo; altri gruppi umani condannati a questo *status* sono quelli dediti ad attività contaminanti, cioè connesse con la morte e con altre forme di impurità.

I fuoricasta non sono estranei al sistema: costituiscono caste anch'essi, e adempiono a quelle funzioni necessarie e sporche che contaminerebbero gli altri uomini, mentre per loro questo servizio infimo, ma di pubblica utilità, è il *dharma* che, se seguito con dedizione, consentirà una migliore rinascita.

Il termine «intoccabili» sta a dire che il contatto con questi esseri umani contamina, e perciò va evitato. In certe regioni si credeva che contaminassero anche solo a vederli: per evitare di farsi vedere, come riferiva nel '500 Filippo Sassetti, forse un po' trasecolato, gli intoccabili dovevano gridare dove stavano passando, altrimenti erano botte; in certi casi portavano un campanellino legato a una gamba... Tutta la loro vita si doveva svolgere nella pena: dovevano vestire di stracci, mangiare in piatti rotti, ecc.

Quella dell'intoccabilità è stata ed è una tragica piaga nella storia dell'induismo, di vastissime dimensioni: più del 10% della popolazione indiana, secondo stime recenti oltre il 14%, è costituito da persone in queste condizioni (il che oggi vuol dire circa 150 milioni di persone). Quando si ammirano, e a parer mio giustamente, le grandi realizzazioni della spiritualità induistica, anche questo elemento va tenuto presente per completezza di quadro. Grazie alle nobili battaglie di Gāndhī, Ambedkar e altri, e al mutamento generale delle condizioni sociali, molti miglioramenti ci sono stati, ma non dovunque e non per tutti.

I doveri specifici

Il *dharma* costituisce il quadro di riferimento al quale deve far capo integralmente l'esistenza. Lo insegnano il *Veda* e la tradizione autorevole, l'esempio dei buoni (e anche l'impulso verso una soddisfazione intima). Se ne riconoscono diversi tipi, in vario gioco tra di loro. Innanzi tutto, scendendo dal generale verso il più specifico, il *dharma* universale, che almeno in teoria vincola tutti gli induisti: è l'insieme di quelle norme che costituiscono i valori etici non connessi con determinate condizioni sociali, anche se queste possono poi modificarne o ostacolarne l'attuazione. Tra i tanti valori proposti in vari elenchi, alcuni hanno un particolare prestigio: l'autocontrollo, la purezza su tutti i piani, ma soprattutto la veridicità, una virtù che continua antiche tradizioni indoiraniche, e che è rispetto della fondamentale identità tra essere e verità, ma anche fedeltà alla parola data: è così potente che il voto di verità («se ho sempre detto la verità, possa accadere che»...) ha una forza suprema di realizzazione. L'altra somma virtù è la nonviolenza (*ahiṃsā*), intesa come estensione all'universale, o comunque al massimo grado di ampiezza possibile, del rispetto per la vita, non soltanto per quella umana. È una concezione questa cui, però, non sempre corrispose una pratica diffusa: anche la storia indiana, purtroppo, è in buona parte, come la nostra, storia di violenza anche efferata. In terra indiana comunque, e non soltanto nell'induismo, ma anche nel buddhismo e soprattutto nel jainismo, tale concezione ha avuto sviluppi che non trovano paragone in nessun'altra parte del mondo, e che rappresentano anche dei concreti passi avanti nella direzione di un ecologismo fattivo (ospedali per animali, ecc.), di alto impegno morale. Bisogna però dire che spesso l'*ahiṃsā* si riduce di fatto a una specie di vegetarianesimo, piuttosto che trarre tutte le implicazioni pratiche di questo ideale.

Vi sono poi i *dharma* della condizione specifica, cioè le norme particolari relative a una determinata casta, a una professione, ecc. È evidente che il brahmano non può avere gli stessi doveri di un guerriero, il commerciante quelli di una prostituta... Inoltre, cose vietate in una certa epoca, sono consentite in altre, o viceversa: così, per esempio, il *dharma* della nostra età non può non discostarsi da quello dell'età dell'oro, e nella sventura sono permessi comportamenti non leciti nei tempi felici. In particolare assume grande importanza un combinato di doveri collegati alla condizione castale e alla fase di esistenza che si sta conducendo: è il cosiddetto *varṇāśramadharma*. Questo *dharma* specifico può essere in contrasto anche forte con l'universale. Non è però un contrasto insanabile: anche se il *dharma* particolare deve prevalere, è opportuno che questo avvenga senza perdere di vista gli elementi del *dharma* universale che possono essere mantenuti vivi, almeno come aspirazione della coscienza, progetto di vita futura, anche nella dedizione piena al proprio *dharma* attuale.

Le fasi dell'esistenza ordinata

Tradizionalmente, oltre che dall'appartenenza alla casta, la vita dell'uomo era regolata da un insieme di norme che scandivano i diversi periodi dell'esistenza: il cosiddetto sistema degli *āśrama*. La parola ha un significato originario di «sforzo», e indica sia le fasi della vita intese come tappe successive del perfezionamento spirituale, sia gli eremi nei quali si concludeva, secondo il modello ideale che si vedrà e anche almeno in vari casi nella pratica effettiva, questo tipo di vita.

Le prime testimonianze, ma ancora slegate, di quelle che saranno poi le quattro tappe dell'esistenza ordinata, risalgono già al periodo vedico, in particolare alle *Upaniṣad*. Solo in seguito la quadripartizione raggiunge la completa organicità. Le fasi sono queste: 1) *brahmacārin*, «colui che pratica il *brahman*»: il ragazzo delle prime tre classi, dopo aver ricevuto l'iniziazione, va a vivere con un maestro, dal quale viene istruito per vari anni, in cambio lavorando per lui e vivendo nella più assoluta obbedienza e castità: se il maestro è come un padre, anzi di più, sua moglie di conseguenza è madre, le figlie sorelle, un rapporto sessuale con una di queste sarebbe un incesto; 2) *gṛhastha* («che sta in casa»): è la condizione in cui si entra al termine dello studentato, dopo un'abluzione rituale: varie volte però i *brahmacārin* restavano tali a vita. Il *gṛhastha*, sposo e padre, è tenuto a dedicarsi alla continuità della famiglia, ai riti domestici, al lavoro, a un onesto interesse e anche, eventualmente, ai piaceri dell'esistenza in questo mondo; 3) *vānaprastha* («che sta nella foresta»): è la fase in cui si entra quando ormai sono nati i nipotini, che assicurano la continuità futura dei riti, e può coinvolgere entrambi i coniugi; 4) *saṃnyāsin* («che getta via», cioè abbandona, rinuncia): è colui che, troncato ogni residuo e pur minimo vincolo sociale, sceglie di vivere senza dimora e senza possesso, nutrendosi di elemosine.

Questo schema è stato variamente valutato, sembrando ad alcuni una specie di diafano schermo ideologico per giustificare con motivazioni spirituali una pratica di abbandono e quindi, di fatto, uccisione dei vecchi, affine – ma in forme squisite – ad altre messe in atto in altri paesi, e analoga alla pratica del rogo delle vedove, espressione di una tragica realtà di negazione di un autonomo valore delle donne, però ammantata di valori spirituali altissimi; i più, e certo tutti gli studiosi induisti impegnati, vi hanno invece visto una specie di progressivo passaggio dall'esistenza comune a una sempre maggiore immedesimazione nell'infinito, oltre i vincoli e i limiti dell'individualità fenomenica. Questa chiave di lettura, pur senza escludere la possibilità di sfruttamenti devianti del sistema degli *āśrama*, ben si accorda anche con il correlato schema dei tre grandi gruppi (*trivarga*) di finalità dell'esistenza normale: il desiderio sessuale (*kāma*), l'interesse (*artha*), l'etica (*dharma*), al di sopra dei quali si eleva l'*apavarga* («fuori dai *varga*»), la meta della perfezione spirituale infinita.

Una sentenza famosissima recita: «Quando è ragazza, dipenda dal padre; dal marito quando è giovane; dai figli alla morte del marito: la donna non sia mai indipendente». Questo può dare un'idea complessiva non troppo distante dalla realtà della condizione delle donne nell'India tradizionale, anche se ci sono state differenze non irrilevanti a seconda dei tempi, dei luoghi, delle condizioni sociali. In effetti nel periodo più antico almeno alcune donne godevano di maggiore libertà: le *Upaniṣad* ci parlano di Gārgī, che poteva permettersi di dibattere questioni filosofiche venendo ascoltata con grande attenzione, o di Maitreyī, che poneva domande appassionate al marito sulla condizione successiva alla morte, ecc. E l'epica ci attesta la liceità della libera scelta del marito da parte di alcune principesse. Gradualmente però anche questi spazi di libertà individuale via via si restringono: le grandi eroine indiane sono famose soprattutto per la loro dedizione al marito. La moglie, ci viene autorevolmente detto, deve adorare e servire il marito come un dio, fosse anche il peggiore degli uomini.

Il diritto-dovere della donna di partecipare al mondo delle relazioni con la realtà sacra le deriva dal vincolo coniugale: se questo vincolo si spezza, per esempio con la morte del marito, per la donna è una tragedia. Col tempo si diffuse sempre più la pratica del suicidio rituale delle vedove che, spesso volontariamente, ma non certo sempre, si immolavano sul rogo del marito (*sahamaraṇa*) o qualche tempo dopo (*anumaraṇa*): il nome *satī* (in grafia angloindiana *suttee*), con cui questa pratica è conosciuta comunemente, significa in realtà «buona» e designa la vedova che si è uccisa in questo modo. Una tale usanza non è ignota ad altre popolazioni antiche: spesso il capo veniva sepolto con un accompagnamento di accoliti, mogli, cavalli, appositamente uccisi perché lo potessero servire nell'aldilà. Il loro valore sociale stava nella subordinazione, nell'essere proprietà. Il sacrificio della vedova indiana esalta questa pratica come culmine di una condizione esistenziale che senza il suo necessario punto di riferimento sarebbe acefala. Ci possono essere stati spesso motivi di carattere economico che favorivano, o determinavano, il suicidio delle vedove: erano le stesse ragioni antifemminili che spingevano anche all'infanticidio, per lo più perpetrato a danno delle neonate. In genere la condizione femminile era vista come troppo costosa e in definitiva dannosa per la famiglia, anche a causa dell'estendersi della pratica della dote matrimoniale che comportava spese pesantissime. Però il motivo fondamentale che ha favorito l'affermazione del suicidio delle vedove, pur contrastato da personalità illuminate, e soprattutto la sua esaltazione come rito vero e proprio, fino a fare della *satī* una specie di santa, sta soprattutto nella negazione del valore della donna in quanto tale, e non solo per la sua posizione di moglie e di madre (nonostante proibizioni e minacce di condanne, il fenomeno, sia pure in minor misura, non è ancora del tutto estinto). La donna ha dunque una sua dimensione sacra in quanto, con dedizione e sacrificio di sé, compagna del marito in questa vita o in un altro mondo, e in questo senso viene esaltata e santificata. Altrimenti è spesso vista come tentatrice, pericoloso ostacolo sulla via della moralità e del perfezionamento spirituale: donne per eccellenza, bellissime ed esperte in tutte le arti della seduzione, si possono considerare le ninfe celesti (*apsaras*), in certi casi utilizzate dagli dei per indurre alcuni asceti, il calore delle cui pratiche rischierebbe di bruciare il mondo, ad abbandonare discipline così pericolose. Ma è quasi l'unico caso di una seduzione utile; per lo più la donna, specialmente se giovane e bella, è sentita nella gnomica, in cui si condensa una saggezza diffusa, come una specie di mina vagante, e, spesso con un sensualissimo sguardo indietro per dire addio, si esalta il valore della rinuncia al piacere che potrebbe dare.

Il quadro sarebbe davvero troppo incompleto senza alcune

precisazioni e puntualizzazioni. Innanzi tutto va rilevato che escono da questa immagine generale, che pure rimane valida, donne che hanno preso in mano il loro destino contro i condizionamenti sociali: è il caso, talora, delle donne che hanno deciso di farsi monache buddhiste, delle quali possediamo numerose poesie, o di donne come la celebre poetessa Mīrā Bāī, che, innamorata ardente del dio Kṛṣṇa, si sentiva veramente sposata con lui, rifiutando di farsi *satī* alla morte del marito.

Bisogna anche aggiungere che una particolare sacralità della donna veniva garantita su di un altro piano, cioè quello della prostituzione sacra, tramandata fino ai nostri giorni dall'istituzione delle *devadāsī*, letteralmente «serve di dio», donne dedicate per i più vari motivi (tradizione familiare, offerta di un padre devoto, donazione di qualche potente, ecc.) al servizio di un tempio per attività di danza e di prostituzione: attività un tempo stimata, anche se non da tutti, e poi entrata in crisi (ma forse ancora non del tutto scomparsa) per gli attacchi degli esponenti (missionari, riformatori indiani, ecc.) di una moralità sessuale ben diversa, incurante delle radici arcaiche, di culto della fecondità e simili, di queste pratiche, anticamente diffuse in varie parti del mondo.

La condizione della donna, pur con una grande staticità di fondo, è stata poi vista anche in modi molto diversi in certi casi particolari. Per esempio, la donna non è solo negativamente tentatrice, è anche colei che, magari di bassa casta, ma spesso sentita vicina con una partecipazione affettuosa, riproduce nelle pratiche tantriche, sul piano umano consacrato, la prassi del rapporto dea-dio. È colei che si configura, proprio per questa sua capacità di eccitazione, come l'evocatrice della potenza spirituale latente, il cui risveglio è indispensabile per accedere ai livelli più alti della coscienza. E l'accoppiamento uomo-donna è l'immagine più icastica di questa esperienza sublime di beatitudine e di acquisizione della conoscenza suprema.

Talora il sogno è quello del ritorno, al di là di ogni possibile accoppiamento, all'unità indistinta di un originario ermafroditismo: forse così vanno lette la figura del dio metà maschio e metà femmina (Ardhanārīśvara), le tradizioni relative agli occasionali cambiamenti di sesso, ecc. All'altro estremo troviamo la negazione del sesso mediante la castrazione, che può avere anch'essa una dimensione sacra, com'è avvenuto a più riprese in varie parti del mondo (si pensi ai sacerdoti della dea Cibele, ecc.). In India questa pratica è propria dei cosiddetti *hijra*, che offrono alla dea il sacrificio della loro virilità, e che, paradossalmente, sono visti come artefici della feracità dei campi, portatori di piogge fecondatrici, quasi che il loro seme scomparso sia in realtà deposto nel terreno perché possa dare frutti più ricchi.

I valori della saggezza mondana

L'induismo è un'istituzione totale, o quasi, che pervade tanti campi del vivere e dell'agire che solitamente, almeno dalle nostre parti, non si usa considerare spirituali. Però è anche vero che non sempre si può essere pienamente sicuri della diretta pertinenza alla vita dello spirito di certi valori e di certe pratiche. Per esempio, anche prescindendo da posizioni dichiaratamente antispirituali come quella dei materialisti, ci sono altri aspetti della cultura e della vita sociale indiana premoderna che, pur inquadrandosi con piena coerenza nella grande cornice dell'induismo, lo lasciano poi molto sullo sfondo. Penso per esempio al rigoglioso sviluppo della tecnica amatoria, quale è attestata nei *Kāmasūtra* e in altre opere, nelle quali appare evidente la ricerca del piacere amoroso in quanto tale, e che si rivolgono al raffinato esteta cittadino per fornirgli i migliori strumenti per la conquista e il godimento. Pur riconoscendo *in limine* il valore supremo della liberazione spirituale, nessun'altra preoccupazione, a parte quella del successo erotico, sembra increspare la nitida esposizione tecnica, sentita come pari a qualunque altra. E analogamente si comporta la scienza della politica per la quale non del tutto a torto si è potuto parlare di predecessori indiani di Machiavelli: arte della vittoria senza alcuna remora morale, con la sopraffazione e con l'inganno, con lo sfruttamento della credulità popolare. Sia l'erotica sia la scienza politica sono state giustamente chiamate filosofie del successo, perché considerano come unica meta effettiva la perfetta realizzazione delle ambizioni nel loro campo specifico. È difficile, ma forse è un nostro limite, vedere nel sovrano delineato dagli scienziati indiani della politica un uomo che possa coltivare nobili interessi spirituali. Forse è più, nel suo genere, una figura eroica, simile, per certi aspetti, al perfetto di alcune vie di potenza: anch'egli eroe conquistatore trionfante su nemici, palesi e occulti, e sulla propria personale debolezza.

Si può aggiungere – ma la prospettiva è molto diversa – che una specie di controcanto accompagna le grandi esperienze della spiritualità induistica, a ricordarci i limiti di almeno alcuni seguaci deviati e corrotti: come le farse che ridicolizzano asceti ignoranti e avidi, le loro lotte meschine. E, su di un piano più generale, forse rispettoso dei valori dell'induismo, ma perplesso sulla loro gerarchia, qualcuno si chiedeva, e magari dava voce a un dubbio di molti, come sarebbero vissuti gli asceti se i lavoratori non li avessero mantenuti. Era davvero tanto importante l'asceta se dipendeva dal padre di famiglia?

5. *La dimensione cultuale*

Il tempio

Ormai, anche a seguito dell'inserimento dell'India nel giro del turismo internazionale, vari templi induisti sono abbastanza noti pur conservando intatto il fascino della loro esoticità. Molti, anche tra i non specialisti, hanno una certa familiarità soprattutto con i grandi templi, con le loro intricatissime selve di figure all'esterno dell'edificio, quasi prodotti della feracità di una natura tropicale esuberante. Questa immagine, naturalmente, non è falsa, ma rappresenta una realtà parziale che è il risultato di un lungo divenire storico. Perché, se si prescinde dalla civiltà vallinda, di cui non sappiamo con sicurezza la precisa funzione di alcuni edifici, non sembra che le epoche più antiche abbiano conosciuto templi. Certo, quando si parla di età così lontane è ragionevole il dubbio che qualche edificio adibito al culto ci sia stato e sia andato perduto, per esempio perché costruito in legno o in altro materiale deperibile. Però siamo abbastanza informati sulle modalità di esecuzione dei riti sacrificali vedici, che non sembra comportassero la necessità di templi. Quindi, anche se potrebbe non essere mancato un qualche edificio adibito al culto, la sua funzionalità sarebbe stata forse limitata a qualche caso episodico.

Probabilmente i primi sviluppi verso costruzioni per uso rituale avvennero in campo buddhistico, con l'edificazione di tumuli contenenti reliquie del Buddha (*stūpa*), di sacrari (*caitya*), ecc., mentre altri luoghi per il culto erano forniti direttamente dalla natura, con grotte e altro: del resto, le grotte potevano anche essere ingrandite, o addirittura totalmente scavate dall'uomo.

Il tempio induista trova il suo fondamento ideologico, fin dai secoli che precedono l'inizio della nostra era, in quella sorta di grande trasformazione religiosa che porta a mettere in primo piano il culto dell'immagine divina. Non è il luogo dell'assemblea dei fedeli, come vuole l'etimo della parola chiesa, è innanzi tutto la dimora dell'idolo a cui è dedicato, o, meglio ancora, una sua forma di estensione fisica, il suo corpo. L'idolo sta al centro, in una piccola cella, il *garbhagṛha*: «la casa dell'embrione». In realtà il *garbhagṛha* è come il ricettacolo dell'immagine, paragonabile alla «caverna del cuore» nella quale dimora l'*ātman*, cioè il luogo dell'incontro tra il mondo fenomenico e la realtà divina. Sopra di esso sta una copertura tondeggiante (*śikhara*), che si pensa rappresenti l'asse del mondo, collegamento ideale tra la terra e il cielo. Spesso un ambulacro consente ai fedeli di compiere il giro della cella; l'esiguità dello spazio di quest'ultima non è casuale o dovuta solo a ragioni esterne, ma è strettamente connessa al carattere sacerdotale dell'induismo. Solo il sacerdote officiante, che ha funzioni di intermediario, può avvicinare l'idolo nel tempio; i devoti che desiderano pregare, fare offerte, chiedere grazie, stanno davanti alla porta della cella e il sacerdote fa intravedere l'idolo illuminandolo.

Non essendo questo un libro sull'architettura templare induistica, questi pochi cenni sulla struttura di base devono bastare: essa, del resto, presenta non poche variazioni, tipologie regionali con differenze anche di notevole importanza. Mentre nell'India settentrionale si è mantenuta in forme di relativa semplicità e spesso di grande sobrietà, superando l'ondata distruttrice delle invasioni islamiche, nell'India del Sud, assai meno colpita, si è invece verificata una fioritura imponente di vere e proprie città-templi con più cerchia di mura e con alte torri, chiamate *gopura*.

Fin dai tempi più antichi della loro storia i templi induisti sono stati decorati con fregi e pitture, soprattutto all'esterno. I temi delle raffigurazioni riguardano leggende mitologiche, simboli religiosi vari, ma anche scene di vita quotidiana, talora di carattere erotico, molto probabilmente con una funzione didattica. Sulla sostanza specifica di questo insegnamento si possono formulare ipotesi differenti: in ogni caso è evidente la profonda diversità dell'atteggiamento induista nei confronti del sesso, anche di quello divino, rispetto a quello prevalente, almeno fino a qualche decennio fa, nel mondo cristiano.

Centri di preghiera e di insegnamento di sapere tradizionale, musica, danza (anche delle prostitute sacre), luogo attorno al quale si raccolgono venditori di oggetti sacri e profani e mendicanti, i templi hanno una grande importanza sociale: ricevono contributi in denaro dagli abitanti della zona in cui sorgono, ma talora anche da benefattori lontani, in particolare da chi desidera acquistare merito o mettersi in mostra per la sua devozione. La condizione più o meno florida e felice dei templi può dipendere, oltre che dai donatori, o dalle proprietà acquisite in passato, da fortunate circostanze. Per esempio qualche anno fa un tempio godette di un periodo di accresciuta popolarità perché l'arrivo di un serpente, che si pose accanto all'idolo e fu identificato con il dio rappresentato dall'effigie, lo fece diventare meta di pellegrinaggi. Ma altri templi sono più sfortunati: se i patroni non hanno eredi che ne condividano il fervore e non subentrano altri, il tempio viene abbandonato e lasciato cadere in rovina. Bisogna tenere presente che, nonostante la loro importanza, la frequentazione dei templi non è obbligatoria per gli induisti, alla cui devozione possono anche bastare le preghiere del mattino e della sera, i piccoli rituali domestici.

Se si prescinde dalla fase vedica, per la quale disponiamo solo di qualche indizio d'incerta interpretazione l'induismo pratica il culto delle icone divine, cioè, ma l'espressione non va intesa in senso spregiativo, l'idolatria. Non tutti gli induisti la praticano: perché sappiamo di induisti ostili a questo culto, e non perché atei, e neppure perché siano contrari alla devozione resa alle divinità, ma perché preferiscono un rapporto solo interiore. Comunque, la grande maggioranza degli induisti più o meno devoti pratica questo culto.

Le immagini sono di vario genere, non soltanto idoli dei templi; esse compaiono là dove può suggerirlo la fede popolare (come accade per i nostri *ex voto*) e in alcuni casi possono essere anche molto schematiche, appena abbozzate, spesso anche per le limitate capacità degli autori. Tradizionalmente le divinità sono rappresentate secondo modelli ben definiti per ciascuna di esse; talora ci sono più modelli per una singola divinità (per esempio un dio può avere una forma pacificata e una spaventosa). Si tratta di un'iconografia complessa, nella quale niente è improvvisato o lasciato alla libertà dell'artista (di solito un artigiano che resterà anonimo). Gli dei sono rappresentati secondo le convenzioni di un linguaggio gestuale analogo ai segni (*mudrā*) della danza. Spesso hanno molti arti, talora più teste; a volte sono effigiati in piedi, a volte seduti, ora immobili, ora in movimento, come il dio Śiva impegnato nella danza *tāṇḍava*, talora soli, talora con altre divinità. Le immagini possono essere fatte con i materiali più vari: oltre alle sculture e ai fregi che adornano la parte esterna dei templi, ci sono immagini divine di argilla, per esempio della Dea.

L'idolo viene installato nel tempio con un rituale preciso, che comporta la definizione secondo criteri astrologici del tempo opportuno per la cerimonia di consacrazione dell'immagine. Gli induisti possono essere idolatri, ma non adorano idoli che siano oggetti fatti da mano umana se non sono preventivamente trasformati in «corpi» in cui è discesa la presenza divina. Il punto fondamentale è questo: la divinità deve prima entrare nell'oggetto di culto. Anche se il devoto induista vive in un mondo di teofanie, l'immagine divina non è certo superflua per chi crede, è il punto in cui il bisogno umano di fare e di adorare s'incontra con la benevola condiscendenza del dio verso i suoi devoti.

I sacerdoti

Fin dal periodo vedico l'induismo ha conosciuto una grande varietà di sacerdoti, professionisti del rituale, conservatori e trasmettitori del sapere sacro del *Veda*, che, del resto, si è configurato nel tempo in quelle determinate forme di libro in base alle esigenze specialistiche delle diverse categorie di sacerdoti. In realtà mentre le specializzazioni del testo vedico sono quattro, quelle del sacerdozio sono assai di più. Al di sopra di tutte stava il brahmano, *brahmàn* maschile, conoscitore e incarnazione terrena del *bràhman* neutro. Nel rituale vedico il *brahmàn* aveva una connessione speciale con l'*Atharvaveda*, ma la sua funzione era molto più elevata e l'ambito delle sue competenze copriva tutta la ritualistica delle altre raccolte, dato che, come medico del sacrificio, aveva il compito di rimediare a eventuali errori degli altri sacerdoti. Importantissima figura sacerdotale era il *purohita*, il «preposto», officiante dei riti, ma anche una specie di cappellano familiare, che fungeva, oltre che da esperto del rituale, da consigliere dei capi.

Con l'induismo postvedico, così come tramonta in parte il sacrificio tradizionale, così anche le specializzazioni sacerdotali perdono parte della loro ragion d'essere. Rimane nella sua posizione di primato il brahmano, ma compaiono anche varie altre figure di professionisti del sacro. Accanto ai sacerdoti addetti al rituale vedico, altri brahmani si dedicano piuttosto a riti extravedici. Vi è anche tutta una serie di sacerdoti che non sono brahmani: gente praticamente di tutte le caste, anche ex tribali, che sono impegnati nel servizio dei templi e santuari, ma svolgono anche, come i loro colleghi brahmani, altre importanti funzioni sociali, fanno gli oroscopi, tengono lontano il malocchio, e così via.

Ancor oggi i brahmani occupano un posizione preminente tra le caste per quanto riguarda la percentuale rispettiva di persone impegnate nelle professioni liberali, e godono tuttora di un grande prestigio, anche se non mancano le polemiche. Spesso sono meno stimati i preti dei templi, perché giudicati avidi e ignoranti.

Il sacrificio, il rituale

I sacrifici vedici si distinguono in domestici – semplici rituali quotidiani, o legati a determinate esigenze e ricorrenze, che venivano compiuti dal padrone di casa e dalla consorte – e solenni, che richiedevano la presenza di vari specialisti, che peraltro potevano essere assunti in particolari occasioni anche per i riti domestici. Le offerte riguardavano vegetali, oggetti, ma soprattutto animali, come caprini, bovini, asini, cani, talora con vere e proprie ecatombe. I sacrifici vedici più importanti sono: l'*agnihotra*, l'«oblazione al fuoco», da compiere due volte al giorno; l'*agniṣṭoma*, «lode del fuoco», sacrificio primaverile in più giornate incentrato sulla preparazione e spremitura del *soma*; il *vājapeya*, «bevuta per la vittoria», che dura diciassette o più giorni e comporta anche una corsa di cavalli, il *rājasūya*, «consacrazione regale», con razzia simulata di vacche, e soprattutto l'*aśvamedha*, il «sacrificio del cavallo», il più imponente e complesso, in cui il cavallo destinato a essere sacrificato è lasciato libero di pascolare ovunque per un anno, scortato da gruppi di giovani che lo devono proteggere da avversari di comodo, i quali rappresentano gli ostacoli che si potrebbero opporre al potere incontrastato del re. Passato un anno, il cavallo, dopo alcune giornate di rituali vari, e un grande sacrificio cruento, viene soffocato e la sposa principale del re giace col cavallo, simulando un coito, mentre uomini e donne si scambiano proposte sessuali. Concluso dallo smembramento del cavallo e da ulteriori sacrifici animali, l'*aśvamedha* è un rito compiuto per garantire la piena sovranità e prosperità. Celebrato anche molto dopo il periodo vedico (si ha testimonianza di un *aśvamedha* compiuto nel XVIII secolo), è stato sempre più inteso come il sacrificio da compiere per diventare imperatore universale. Di altri sacrifici vedici si parlerà tra poco, a proposito dei riti di passaggio.

L'evoluzione successiva, da un lato esalta, nella testimonianza dei *Brāhmaṇa*, la forza che sprigiona dal sacrificio come la realtà suprema dell'universo anche al di sopra degli dei, e la classe sacerdotale come la garante del buon ordine universale, e perciò la più degna del primato; d'altro lato, invece, sottolinea le possibilità di un'interiorizzazione che coglie la natura sacrificale di pratiche di autoafflizione, come la castità e le pratiche ascetiche. Però la maggioranza della popolazione continuò e continua tuttora (con una partecipazione veramente sentita) a praticare rituali non solo simbolici.

Mentre con la fine del periodo vedico tramontano quasi del tutto i sacrifici solenni, resistono invece, ancor oggi, molti riti domestici e si mantengono o affermano nuovi sacrifici cruenti, specialmente quelli dedicati alla Dea (Kālī, Durgā), ma anche a Śiva, e soprattutto trionfa, spesso con umili offerte vegetali (fiori, frutta, riso) da parte dei devoti, la *pūjā*, il culto reso all'idolo, fatto oggetto di premurose attenzioni quotidiane, svegliato con canti, pulito, unto, vestito, nutrito e nelle occasioni festive bardato e portato in processione.

Dal periodo vedico alla piena maturità dell'induismo si

tramandano i cosiddetti cinque grandi sacrifici quotidiani: agli dei tutti, un'oblazione nel fuoco di parti del cibo; agli esseri, un sacrificio compiuto gettando a terra del cibo per i diversi spiriti; agli uomini, un sacrificio che consiste nell'offrire ospitalità soprattutto agli asceti; ai padri, gli antenati defunti, ai quali si offre acqua; al *brahman*, con studio e recitazione dei testi vedici e di altre preghiere.

A parte i riti connessi con momenti e necessità particolari (per esempio il bisogno di aiuto per chi intraprende un'attività nuova o un viaggio), un'importanza fondamentale assumono i riti (*saṃskāra*) per il passaggio da una fase all'altra della vita, a partire dal concepimento (anzi, a partire dal matrimonio che è all'origine di quel dato concepimento). Tali riti vanno compiuti in giorni specialmente propizi e in condizioni di particolare purezza. Vengono prima i *saṃskāra* del periodo prenatale: il rito del concepimento, quello per avere un figlio maschio, da compiere qualche mese dopo; il rito della scriminatura dei capelli della futura madre, tra il quarto e l'ottavo mese, per tenere lontane le influenze malefiche; seguono i riti dell'infanzia: quelli compiuti subito dopo la nascita, come l'imposizione del nome tra il decimo e il dodicesimo giorno, il primo taglio dei capelli al terzo anno e così via. Il rito dell'iniziazione, e della connessa imposizione del cordone sacrificale, riservato ai soli maschi delle tre caste superiori che diventavano così «due volte nati» (*dvija*), aveva luogo tra gli otto anni, per i brahmani più precoci, e i dodici per i *vaiśya*. A parte altri riti minori, per l'inizio dello studio del *Veda*, e per la prima rasatura della barba, un'importanza speciale assumeva, a conclusione del periodo di studentato, il rito del ritorno a casa, contrassegnato da un bagno rituale. Seguiva poi, a tempo debito, il complesso rituale del matrimonio, di cui tradizionalmente si riconoscono otto tipi, il migliore dei quali è quello in cui il padre dona la sposa a un giovane degno. Il rito matrimoniale ha il fine di dare una fondazione sacra all'unione, richiamandone i valori di stabilità, castità e autocontrollo; l'accensione del fuoco domestico sta a significare l'istituzione di un nuovo nucleo familiare nella tradizione vedica.

Prescindendo da *saṃskāra* legati a eventi specifici, come quello che precede il ritiro a vita ascetica, l'altro grande *saṃskāra* è quello funebre (*antyeṣṭi*), rito di passaggio da questa ad altre forme di vita: dopo cerimonie di espiazione, il morto, coperto possibilmente da una veste nuova o quanto meno pulita, viene trasportato, adorno di fiori, al crematoio. L'accompagnano canti e suoni devoti. Dopo una purificazione e ulteriori preghiere, viene posto sulla pira. Successivamente il figlio maschio più grande o il parente più stretto, dopo aver compiuto alcuni giri attorno alla pira volgendole sempre la destra e sempre pregando, appicca il fuoco. Al termine della cremazione, spente anche le ultime tracce di fuoco versandovi sopra dell'acqua, si raccolgono gli ultimi resti, di solito per disperderli nelle acque di qualche fiume sacro. Accanto alla cremazione, largamente maggioritaria, l'inumazione è usata soprattutto per grandi santi, le cui tombe (*samādhi*) sono considerate centro di benefica sacralità e attirano devoti pellegrini; ma la praticano anche gruppi particolari, come i *liṅgāyat*.

Di questo così articolato complesso, gli unici *saṃskāra* ancora oggi universalmente o quasi praticati sono quelli del matrimonio e del funerale, mentre l'iniziazione appare sostanzialmente limitata alla classe brahmanica, di cui il cordone sacrificale è diventato una specie di simbolo. Altri riti particolari rientrano poi nelle pratiche delle diverse confessioni e correnti, come per esempio nel tantrismo.

È opportuno infine ricordare i riti di espiazione, per eliminare o almeno ridurre conseguenze di colpe, specialmente quelle più gravi: sono essenziali il pentimento e varie forme di automortificazione, ma anche cerimonie di penitenza, decise o per scelta personale, o talora, nei casi di maggiore gravità, da un'assemblea di brahmani che stabilisce le modalità dell'espiazione. Sono molto diffusi i voti (*vrata*), motivati da finalità e occasioni particolari (espiazione, desiderio della nascita di un figlio, ecc.): molti di questi voti comportano donazioni ai brahmani, digiuni e pellegrinaggi; mentre buona parte del rituale emargina le donne, nei voti esse hanno la possibilità di esprimere liberamente, nella rinuncia e nella sofferenza, la loro personale devozione.

La festa

Gli induisti amano molto le feste, tanto che partecipano spesso anche a quelle di altre confessioni: cristiane – soprattutto il Natale, che specialmente nelle città ha assunto anche in India un carattere di festa comune –, musulmane, dei jaina, dei buddhisti, secondo le occasioni e le località. Il calendario delle feste induiste è ricchissimo: alcune sono diverse da regione a regione (ma a volte il nome differente copre una sostanziale identità), altre sono veramente panindiane. I motivi della celebrazione sono molto vari: il giorno della nascita di divinità come Śiva, Rāma, Kṛṣṇa o di qualche maestro spirituale, l'anniversario di un evento e via dicendo. Ci sono feste che coinvolgono la grande massa della popolazione e altre di gruppi minori, celebrazioni di particolari comunità di devoti e di singole caste, che rendono così omaggio ai propri patroni, rafforzando i vincoli del gruppo. Feste familiari si accompagnano ai riti che marcano e anzi consacrano i passaggi fondamentali dell'esistenza, come la nascita e il matrimonio. Non tutte le feste hanno un carattere religioso (ce ne sono di patriottiche, scolastiche, aziendali), ma a volte una distinzione netta non è facile; anche le feste religiose poi uniscono molto spesso, se non sempre, il divertimento alla devozione, e costituiscono delle occasioni per lo più molto gradite d'incontro sociale. La dimensione comunitaria è importante: questo aspetto del costume festivo rappresenta forse una sorta di compensazione, caratterizzata da una maggiore apertura sociale, rispetto a certe tendenze verso la chiusura nell'intimità individuale e familiare di gran parte dell'esperienza quotidiana dell'induista devoto.

Il ciclo delle feste ha radici molto antiche e solide: concezioni astrologiche diffuse portano a ritenere che ci siano dei punti specialmente fausti nello scorrere del tempo, nei quali il devoto, compiendo opere secondo la norma o mosso da un impulso individuale, o realizzando voti ascetici, può acquisire meriti speciali. La festa di solito cade in uno di questi momenti, ritmati dai tempi del calendario, secondo le ricorrenze stagionali e mensili. Tradizionalmente l'India conosce, diversamente dalle nostre quattro, sei stagioni (ovviamente di due mesi l'una), dando un rilievo del tutto particolare all'evento climatico fondamentale da cui dipendono le sorti dell'agricoltura e della vita in genere, la stagione delle piogge monsoniche, senza le quali buona parte dell'India sarebbe arida. Essendo i mesi dodici sia che si adotti il calendario solare sia che si adotti quello lunare, entrambi usati in India, complessi calcoli di compensazione consentono un corretto rapporto tra i due tipi di scansione del tempo. In genere le feste sono connesse con le fasi lunari: la quindicina («bianca») che va dalla luna nuova alla piena è ritenuta fausta, quella («nera»), che va dalla luna piena alla nuova, è considerata negativa.

L'unica grande festa solare è la *makarasaṃkranti* («congiunzione col Capricorno»), che celebra il passaggio del sole in questo segno zodiacale e cade nel mese di *māgha* (tra gennaio e febbraio). Nell'India meridionale, nella regione *tamil* che ha il suo centro principale in Madras, essa coincide con la festa di *poṅgal*: le donne fanno bollire nel latte del riso entro contenitori nuovi; parte ne viene offerta a varie divinità e alle vacche, il resto viene consumato dai devoti; altre celebrazioni seguono nei giorni successivi.

Le altre feste principali (scegliendo da un numero veramente esorbitante), sono le seguenti.

Mahāśivarātri, «la grande notte di Śiva», che celebra in *phālguna* (febbraio-marzo) l'evento mitico della comparsa di un gigantesco *liṅga* di luce che all'inizio dei tempi avrebbe squarciato l'oscurità annunciando la sovranità del dio: ancor oggi nei santuari śivaiti si ergono imponenti colonne sul modello dell'archetipo delle origini.

Holī, anch'essa celebrata (soprattutto nell'India settentrionale) in *phālguna*: è una sorta di festival di primavera, simile a un carnevale o ai saturnali o alle feste dei folli, che celebra l'uccisione dell'orca Holikā tra schiamazzi, scherzi, occasionali violenze e atti di teppismo, con imbrattamenti, lancio di acqua colorata con varie polveri, fango, urina di bovini. È una festa anche d'intensa carica erotica, con esibizioni varie di virilità, in cui il rovesciamento dei ruoli sociali, la sospensione dei rigidi vincoli della moralità sessuale, il clima generale di licenza (si bevono anche alcolici, talora si ricorre al *bhang*, mescolanza di hashish, latte e yogurt) sono solo una breve interruzione dell'ordine, alla quale la gente soprattutto delle classi alte si sottomette di solito con pazienza, proprio per questo carattere di eccezionalità.

Rāmanavamī, in *caitra* (marzo-aprile), è la festa per la nascita del dio Rāma, celebrata con speciale solennità e fervore a Ayodhyā, la città sacra a questa divinità.

Nāgapaṃcamī, in *śrāvaṇa* (luglio-agosto), è una festa che mostra il rapporto ambivalente che gli indiani hanno con i serpenti: si commemora l'uccisione da parte di Kṛṣṇa del serpente Kāliya, ma si rende anche onore al divino serpente Ananta, si depositano fiori e cibo come offerta nei luoghi in cui si pensa che si annidino questi rettili.

Janmāṣṭamī in *bhādrapada* (agosto-settembre) celebra la nascita di Kṛṣṇa: le feste più solenni, ovviamente, si svolgono nei grandi centri della devozione kṛṣṇaita, come Mathurā e Vṛndāvana.

Gaṇeśacaturthī nello stesso mese commemora la nascita del dio elefantino, signore degli ostacoli: si formano effigi di argilla che poi alla fine del periodo festivo vengono fatte affondare in acqua.

Navarātrī, in *āśvina* (settembre-ottobre), identificata in varie parti dell'India, in particolare nel Bengala, come *Durgāpūjā* («adorazione di Durgā»), è una delle feste maggiori. Articolata in una «novena di notti», che è appunto il significato del suo nome, celebra, in certa misura, oltre che Durgā, anche Rāma nella comune lotta contro le forze del male, dato che Rāma, per lo scontro decisivo col demone Rāvaṇa, invocò l'aiuto della dea. Alla conclusione della festa si bruciano le grandi immagini dei demoni sconfitti da Rāma, e tra processioni, canti, offerte, sacrifici, le effigi in argilla di Durgā vengono abbandonate alle acque perché vi si dissolvano.

Divālī, la festa delle luci, antica, molto suggestiva e tra le massime dell'induismo, si celebra in *kārttika* (ottobre-novembre): dedicata a Śrī, è una festa di propiziazione del successo nei più vari campi, ma soprattutto per il trionfo della luce sulle tenebre: moltissime file di lucerne accese vengono messe a illuminare la notte sui davanzali e sulle soglie, o abbandonate alla corrente dei fiumi.

La preghiera

In questo paragrafo si cercherà di definire alcuni aspetti anche formali del colloquio tra l'umanità induista e le varie divinità alle quali si rivolge. Formali non vuol dire esteriori: anche nelle parole ripetute da testi tradizionali e negli abituali gesti devoti si esprime per lo più con partecipazione sincera la fede di tantissime persone.

Si è visto il carattere non di rivelazione diretta dei propri sentimenti, ma piuttosto di espressioni fortemente letterarie degli inni vedici, composti spesso da poeti professionisti e in genere redatti secondo un linguaggio canonico. Per non pochi di essi la distinzione fra preghiera e formula magica è tutt'altro che facile. Spesso si dice che la magia ha intenzioni costrittive, mentre la preghiera, mossa da un sentimento assai differente, cerca d'influenzare o blandire un essere superiore (però esistono anche preghiere che non chiedono, dichiarazioni di rinuncia alla propria egoità, di sottomissione e di amore); ma atteggiamenti magici e devozionali si possono affiancare e alternare anche all'interno dello stesso testo e nell'animo della stessa persona. Nel caso specifico del vedismo, bisogna poi tenere presente che l'umile sottomissione della preghiera in realtà può essere la copertura, più o meno consapevole, di un atteggiamento magico solo esteriormente diverso da altri esplicitamente tali, per ottenere la benevolenza del dio.

Naturalmente, anche la cultura vedica ha conosciuto forme di devozione individuale, ma ne possediamo testimonianze abbastanza scarse: forse si trattava di atteggiamenti minoritari, o piuttosto la tradizione era poco interessata a rapporti meno ritualizzati con il sacro.

Il quadro cambia, non sappiamo se gradualmente o meno, con il passaggio dalla fase vedica alla successiva. Il trionfo del culto dell'immagine divina, che favorisce una relazione più diretta, porta con sé modalità espressive profondamente diverse sia sul piano delle parole, sia sul piano gestuale.

Nella sua forma più elementare la preghiera è rappresentata dalla semplice testimonianza di omaggio: *namas* («onore») a Viṣṇu, a Śiva, ecc. Di questo tipo sono moltissimi *mantra*, in uso presso diverse correnti e gruppi devoti di carattere teistico. Poco più elaborate sono certe altre formule, come quella di presa di rifugio in qualche dio, tipo «Il Signore Kṛṣṇa è il mio rifugio».

Accanto a questa estrema concisione sta l'effusione degli inni, spesso ricchi di riferimenti mitici, di indubbia utilità sui due versanti del messaggio: se al dio celebrato non può non far piacere la menzione delle sue virtù e imprese, il devoto ha la gioia di parlare del dio amato, e uno strumento prezioso per meditare su di lui. Frequenti le enumerazioni degli epiteti divini, come nell'*Inno dei mille nomi di Śiva*, del quale si dice che, se è recitato con fede, distrugge tutti i peccati e ha anche altri effetti meravigliosi. Ma ci sono anche inni più brevi: per esempio lo *Śivanāmāvalyaṣṭaka*, attribuito tradizionalmente a Śaṅkara, che si accontenta di otto strofe per celebrare la medesima divinità, con ritornelli in fine di strofa («proteggimi dall'insuperabile dolore del *saṃsāra*»). Tradizionali della *bhakti* viṣṇuita sono i *kīrtana*, le «glorificazioni», litanie cantate infinite volte. La ripetizione raggiunge il suo culmine con la recita-invocazione (*japa*) del nome divino, che sancisce l'incontro tra il devoto, che riceve un aiuto potentissimo dal fare del dio il centro costante della sua attenzione, cioè della sua vita, e il dio che amato riama. Si dice che la ripetizione del nome divino dona senza difficoltà ai suoi devoti tutto quello che gli *yogin* conquistano mediante una lunga e faticosa ascesi. È superfluo notare che moltissimi *yogin* non sarebbero d'accordo; resta il fatto che il sacro nome era e tuttora è investito nell'induismo di una potenza senza pari. Si pensa che possa salvare al momento della morte: anche la pronuncia di una sola sillaba, si dice, talora può bastare. La cosa non dovrebbe meravigliare, perché la pronuncia anche soltanto di una breve parte del nome divino (a meno che non sia già un monosillabo, Śrī!) equivale comunque a una presenza nel pensiero del dio invocato, che è un dio salvatore, e sta pur sempre a significare che in un momento di drammatico marasma tutta l'attenzione è vittoriosamente concentrata sui valori spirituali. Quindi non è illogico ipotizzare un'abbreviazione telegrafica di un cammino altrimenti assai lungo. Del resto, il dio della *bhakti* è un dio amoroso, salvatore per tenerezza di cuore.

La pratica della preghiera del nome può svolgersi anche

silenziosamente, come *ajapa japa*, cioè il «*japa* senza suono»: molti lo considerano decisamente superiore.

Le pratiche ripetitive potevano dar adito al sospetto di una vacua esteriorità. Il *japa* può anche essere uno strumento per furbastri desiderosi di darsi una rispettabilità ascetica. Comunque può prestare il fianco all'accusa di costituire un'abitudine soltanto verbale, senza un vero impegno interiore: si capisce allora la ragionevolezza dell'affermazione attribuita al riformatore Kabīr, secondo cui, se dicendo Rām si raggiunge la salvezza, allora la parola «zucchero» basta a deliziare la bocca. Ma allo stesso Kabīr è attribuito il pieno riconoscimento dell'invocazione del nome divino, purché ovviamente sia accompagnata da venerazione e amore e da una meditazione costante: «A forza di ripetere "tu, tu", sono diventato te; non c'è più io in me. Ho fatto un'offerta di me stesso: dovunque guardo, vedo te».

Dal punto di vista della tipologia delle richieste e dei moventi, le preghiere si possono raccogliere sotto varie rubriche:

– *richieste di beni materiali*, ovviamente molto frequenti: richieste di ricchezza, salute, di avere figli, di poter superare gli esami; una volta fatta la tara delle diversità ambientali, sono le meno specificamente induistiche;

– *richieste di aiuto morale*, in particolare di liberazione dal peccato, come nel *Gaṅgāstotra* («Inno al Gange», dea madre): «Gaṅgā, allontana da me il mio carico di peccato, aiutami a attraversare l'oceano dell'esistenza», o come dice in un altro inno Loṣṭadeva, rivolgendosi a Śiva: «Sono un peccatore e tu sei esperto nel distruggere i peccati; sono impaurito e la tua passione è di assicurare sicurezza agli impauriti; sono miserabile e tu sei sempre pronto a sollevare i miserabili; altro non so dire: abbi pietà di me, tu che sei compassionevole per tutti», o, ancora, ultima citazione da un *corpus* di testimonianze veramente sterminato, come prega Rāmabhadra Dīkṣita: «Non sono capace di compiere gli atti imposti dalla rivelazione vedica, e, attaccato agli oggetti dei sensi, non so evitare le azioni proibite.

A che pro' parlarmi di controllo dei sensi? Io, miserabile, cadrò in basso. Perciò tu Rāma, discendente di Rāghu, per carità proteggimi: sono il tuo servo. Onore a te!»;

– *richieste di scienza spirituale*: se ne potrebbero citare tante, ma può bastare questa dell'*Īśvaragītā*, poemetto di devozione śivaita: «Caduti nel dubbio, noi tutti, conoscitori dei testi sacri, ci siamo rifugiati in te solo, spirito supremo. Tu conosci il supremo segreto, il tutto, divino saggio [...] Non vi è nessun altro conoscitore che te, supremo signore: perciò si conviene che tu tronchi il nostro dubbio»;

– *preghiere di carattere mistico*: sono le più tipiche espressioni della *bhakti*, che ha al suo centro l'amore per la divinità, una dedizione spesso ricambiata, ma talora tormentosa, addirittura furente, quando il devoto patisce le pene del distacco. Il desiderio può essere di unione, ma anche solo di servizio: «Rādhā e Kṛṣṇa, benigni con i disperati, questa è la mia maggiore richiesta: fate a quest'uomo la grazia di servirvi», dice Rūpa Gosvāmin, e Haridāsa dichiara di essere proprietà, non molto onorevole a dire il vero, del dio amato: «Benché io sia malvagissimo, senza pietà, ben noto per aver commesso odiosi peccati, benché mi compiaccia della compagnia dei malvagi, e sia abietto, sono tuo, Kṛṣṇa, e di nessun altro. Benché io sia avaro e superbo e non abbia mai compiuto un'azione per il bene degli altri, benché sia iroso e privo di discernimento, sono tuo, Kṛṣṇa, e di nessun altro». In questa prospettiva Nīlakaṇṭhadīkṣita può rinunciare al bene primario della liberazione: «Non posso sopportare niente che m'impedisca di udire la storia delle tue imprese, non posso tollerare niente che mi allontani dalla venerazione dei tuoi piedi. Dammi una liberazione che non sia in contrasto con tutto questo, ma se ciò non è possibile, Madre, che io non abbia la grande sventura della liberazione». E spesso, come nei versi immortali del mugnaio Tukārām, innamorato della manifestazione di Viṣṇu come dio fanciullo, la preghiera mistica si fa sarcasmo, dolcezza tenera, consapevolezza beata di un'unione inscindibile io-tu dalla quale è nato un nuovo essere...

La preghiera è spesso accompagnata da gesti, che in parte possono nascere da un linguaggio corporeo convenzionale, analogo ai segni (*mūdrā*) della danza indiana classica, in parte sono il naturale trasferimento a un contesto sacro di comuni segni di omaggio, come *añjali* (le mani giunte), o favoriscono l'isolamento rispetto all'ambiente profano, come la chiusura degli occhi; altre espressioni particolari dell'ardore devoto sono la danza estatica o i rotolamenti per terra dei pellegrini.

Per concludere, due preghiere di grandissima importanza, la prima perché forse è la più diffusa, e viene ancora ripetuta dopo migliaia di anni; la seconda perché sembra sintetizzare in armoniosa combinazione desideri elevatissimi e semplici, di grande universalità. Dice la *Sāvitrī* o *Gāyatrī*, preghiera a Savitar (il dio Sole «impulsore», cioè del risveglio mattutino e della ripresa delle attività): «Meditiamo questo splendore adorabile del dio sole, che stimoli le nostre menti». Nella *Bṛhad-āraṇyaka-upaniṣad* figura questa preghiera che è come una *summa* di aspirazioni verso il bene: «Guidami dal non essere all'essere, guidami dalle tenebre alla luce, guidami dalla morte all'immortalità».

Le rappresentazioni sacre

Un forte elemento di teatralità ha sempre accompagnato la vita religiosa degli induisti. Si ritiene molto probabile la presenza di danzatrici nella civiltà vallinda, verosimilmente in connessione con culti della fecondità, e una dimensione scenica era ben evidente nell'elaborato rituale vedico, nella precisione degli atti e dei movimenti scanditi dall'inflessibile regia della normativa rituale, tra canti e musiche. Del resto soprattutto fino a qualche decennio fa, prima che il diffondersi della televisione abituasse ben diversamente le masse, non era raro il caso, specialmente nei villaggi, che predicatori itineranti corroborassero la capacità persuasiva dei loro insegnamenti ricorrendo anche a qualche accenno, o più, di una *performance* da attori, talora con modesti supporti scenici. Un germe di teatralità che talora si è sviluppato fino ad assumere la dimensione di un vero e proprio dramma è insito nelle processioni, con i loro movimenti, canti e recitazioni a dialogo, e con le rievocazioni di fatti mitici. Tra queste processioni (*yātrā*, pronuncia bengalese *jātrā*) le più importanti sono quelle effettuate nel Bengala, che si svolgono nelle ore di buio, coinvolgendo, oltre a ricchi patroni che sostengono il carico delle spese, entusiasti devoti o solo amanti dello spettacolo, in una specie di dramma in cui la specificità teatrale non si è ancora resa del tutto autonoma dallo sfondo rituale della processione. Il contenuto mitico-leggendario degli episodi che vengono così rappresentati e spesso la sincera devozione degli attori impegnati fanno sì che il pubblico presente recepisca lo spettacolo, oltre che con fervore religioso, con un sincero godimento estetico.

Manifestazioni di carattere insieme teatrale e devoto possono spesso considerarsi anche quei drammi che, in forme diverse, accompagnano i momenti solenni e lieti dell'esistenza degli indiani soprattutto delle campagne, cioè le varie specie del teatro popolare delle singole regioni. A un livello di professionalità più alto si collocano le grandi forme del teatro danzato dell'India meridionale, il cui contenuto spesso si fonda sulle grandi storie dell'induismo, come il *Kūṭiyaṭṭam* e il *Kathakaḷi*. Una base e finalità di carattere più esplicitamente religioso sono reperibili in quelle forme di rappresentazioni che si usa chiamare *līlā*, vale a dire ripetizioni dei «giochi» divini, spettacoli rituali, o riti spettacolari, che rievocano le storie divine di Kṛṣṇa e soprattutto di Rāma, la cui *Rāmlīlā* è una specie di mistero sacro che presenta i momenti salienti della vita del divino eroe, suscitando l'appassionato coinvolgimento dei devoti e oggi anche il vivo interesse di un numero crescente di turisti. Spettacolo cresciuto a poco a poco sul saldo tronco del culto di Rāma, la *Rāmlīlā* si arricchisce nelle versioni più costose di ulteriori elementi di teatro, veri e propri effetti speciali (fuochi d'artificio, uso di armi da fuoco, ecc.). Gli attori, consacrati prima dell'inizio dello spettacolo, s'identificano con le divinità, e riprendono pienamente il loro *status* normale solo al termine della rappresentazione.

Tant'altro meriterebbe di essere detto a questo proposito, però può essere sufficiente limitarsi a un esempio e a un riferimento di carattere storico: il primo riguarda le *devadāsī*, che i colonizzatori portoghesi chiamarono baiadere, cioè ballerine, ignorandone del tutto la dimensione sacrale. Danzatrici-prostitute al servizio dei templi, erano addestrate a una dura disciplina e istruite nelle arti utili alla loro attività, per spettacoli che, qualunque cosa possano sembrare a persone di epoche e culture diverse, avevano una ineliminabile dimensione sacrale. Il riferimento di carattere storico ci consente anche una conclusione generale sulla stretta connessione fra teatro e rito in India. Elementi rituali erano ben presenti anche nel teatro indiano antico o classico: una forma di spettacolo alto e sofisticato che nasce dall'incontro, favorito forse anche da stimoli esterni (greci?), fra una teatralità diffusa, nel senso di una passione e di una attività praticata largamente a livello popolare, e gusti molto raffinati propri di genti di corte. A parte il contenuto spesso costituito da miti molto noti, la parte introduttiva ha un accentuato carattere ritualistico; comprende una preghiera (*nāndī*) di propiziazione del successo e di buon auspicio per quelle che oggi chiameremmo le autorità religiose e politiche, per le vacche e così via. Nulla di nuovo per chi non ignori la diffusissima connessione esistente in tante culture fra l'esperienza teatrale e quella spirituale e religiosa. La trattatistica indiana antica ha ben riconosciuto questa dimensione, parlando di una nascita in cielo del teatro e di una prima rappresentazione con gli dei come attori, ponendolo quindi sotto la protezione di un modello sacro. Anzi, si è giunti addirittura a parlare del teatro come di un quinto *Veda*, con funzioni e finalità analoghe agli altri, ma adatto anche a coloro ai quali era precluso l'accesso alla rivelazione sacra. E proprio commentando il trattato fondamentale di drammaturgia di Bharata, uno dei più grandi pensatori dell'India, il kaśmīro Abhinavagupta, ha potuto mettere in rilievo le connessioni, anche se su di un ben diverso livello, tra le esperienze estetiche, tra le quali quella drammaturgica appare la più completa, e quella yogica.

I pellegrinaggi ai luoghi santi

Come in tante altre tradizioni spirituali, anche nell'induismo il pellegrinaggio costituisce una pratica importantissima e molto stimata. Non ne abbiamo testimonianze sicure di epoca vedica, ma senza ombra di dubbio nelle età successive l'usanza di andare verso i luoghi santi in compimento di un voto, come indispensabile strumento per ottenere un bene sperato, come meta ultima di una vita dedita ai valori spirituali, o viceversa per rimarcare e celebrare la propria conversione, insomma per i più vari motivi, è ben attestata. Ne parlano, con ampi elogi, i testi del *dharma*, ne tratta con grande ampiezza il *Mahābhārata*, soprattutto nel terzo libro, promettendo ricompense esorbitanti per i pellegrini, per lo più ripetitivamente generiche, talora invece più direttamente connesse ad aspetti specifici del luogo sacro, mettendo inoltre in rilievo i risultati di elevazione sociale, e anche di liberazione, al ritorno a casa, dai vincoli della casta, dagli aspetti più negativi di una condizione castale degradata... È certo che un'aureola di accresciuto prestigio circondava il pellegrino dopo la conclusione positiva della sua missione, un poco come capitava ai romei e ai palmieri del nostro medioevo, però è difficile credere che il pellegrinaggio avesse risultati così positivi e duraturi come dice il *Mahābhārata*. Probabilmente gli effetti più vistosi si verificavano non *dopo*, ma piuttosto *durante* il pellegrinaggio, che appare occasione di grande libertà dai vincoli, di incontro di uomini e di donne della più diversa estrazione sociale. Il pellegrinaggio è stato uno dei grandi strumenti dell'unificazione culturale indiana, dello scambio di notizie e messaggi sugli dei, sui miti e sui rituali, della diffusione di nuovi culti e di nuove idee, di reinterpretazione di antiche verità, un luogo di incontri altrove inconcepibili... Ma è stato soprattutto un fenomeno di spiritualità intima, un sacrificio personale che sostituisce con un impegno individuale differente il sacrificio vedico. Pellegrino può essere chiunque, basta che si sia purificato, rendendo il doveroso omaggio a Gaṇeśa, il dio che fa superare gli ostacoli, agli antenati e ai brahmani, dando la solida forma di un voto al desiderio di raggiungere uno o più luoghi santi. Il viaggio doveva essere compiuto tra le privazioni, digiunando e praticando la castità. Una volta giunto alla meta il viaggiatore si purificava anche corporalmente compiendo un'abluzione, faceva offerte e doni ai mendicanti, nel clima eccitato di una raggiunta realizzazione. Dopo di che, a meno che non decidesse di fermarsi per sempre, intenzionato a concludere la sua vita in un luogo pieno di tranquillizzante sacralità, si accingeva al ritorno.

I luoghi santi sono noti soprattutto come *tīrtha*, letteralmente «guadi», denominazione che lascia intendere la stretta connessione con la sacralità dell'acqua e dei fiumi, ma, ovviamente, l'idea stessa di guado può essere intesa in un significato simbolico. Tradizionalmente i *tīrtha* sono raggruppati in tre grandi categorie: possono essere «mobili» che in realtà sono i maestri e i santi, veri guadi umani verso la spiritualità; «mentali», cioè le virtù; e infine, per opposizione ai primi, i *tīrtha* «immobili», cioè quelli concreti, geograficamente determinati: tra loro sono i sommi luoghi santi dell'induismo. Se ne conoscono varie classificazioni: per esempio quella delle sette città sante

– Avantī (altro nome Ujjayinī), Ayodhyā, Dvārkā, Haridvār, Kāñcī, Kāśī (= Banaras), Mathurā – ma in realtà i luoghi di grande rilevanza religiosa sono molti di più. Per esempio è grandissima l'importanza di Prayāga, che è la sede più prestigiosa di una delle principali fiere religiose di tutta l'India, il *Kumbhamelā*, inserita in un ciclo di celebrazioni in varie sedi, di cui quella di Prayāga è la più importante.

Molto importante è anche la città di Gayā, dove gli induisti, in particolare quelli delle regioni più vicine, si recano a portare *piṇḍa*, cioè dei piccoli globi di riso o farina per i defunti.

Meriterebbero una menzione anche i centri pertinenti alle singole grandi correnti spirituali come per esempio Vṛndāvana, «bosco del basilico», dedicato al culto di Kṛṣṇa, che vi trascorse la fanciullezza.

Un'altra classificazione mette in risalto quattro centri-cornice che delimitano l'India: Badrīnāth presso il confine settentrionale, Dvārkā a Ovest, Rāmeśvaram a Sud (l'unico śivaita) e infine Purī a Est, nell'Orissa, dove viene adorato Kṛṣṇa signore del mondo (Jagannātha) insieme al fratello Balarāma e alla sorella Subhadrā. A Purī si svolge la grande processione del carro gigantesco del dio, sotto le cui ruote si gettavano suicidandosi devoti particolarmente zelanti: gli inglesi ne trassero lo spunto per l'espressione (in cui il primo termine appare scritto in grafia angloindiana) *juggernaut of war* per indicare una forza che travolge ogni ostacolo.

Tra tutte le città sante Banaras (all'inglese, Benares) è la prima. Il suo nome tradizionale è Kāśī, la «splendente», altro più recente è Vārāṇasī, che viene fatto risalire ai nomi di due affluenti del Gange. In passato era nota anche come Ānandavana, «selva di beatitudine», nome dovuto al fatto che fino a non molti secoli era circondata da foreste che erano sede di eremi ascetici dove risiedevano maestri di grande santità e dottrina (in questa terra il Buddha cominciò la sua attività di predicatore dopo aver raggiunto il risveglio spirituale). In effetti ancor oggi Banaras è centro stimato di sapere tradizionale (sanscrito, cultura indiana classica, ma anche musica). Sorta in età non determinabile, ma sicuramente molto antica, Banaras è per moltissimi il massimo centro spirituale dell'induismo, in particolare del culto del dio Śiva signore di tutto. La città è piena di segni di questo culto, dai templi ai *liṅga* sparsi un po' dappertutto. Anzi, Banaras stessa è agli occhi dei devoti un enorme *liṅga* di Śiva, con un raggio di cinque *krośa*, circa dieci miglia: i pellegrini muovono appunto per la Pancakrośī Road («via dei cinque *krośa*») girando attorno a questo *liṅga* gigantesco. Di Banaras si dice anche che è il compendio della sacralità dell'India, accoglie in sé tutto il pantheon induista e simbolicamente ospita come miniaturizzati tutti gli altri grandi *tīrtha*: è comprensibile che si dica che, arrivati a Banaras, ci si possano spezzare i piedi con un sasso per restarvi per sempre. È soprattutto il luogo dei pellegrini che giungono proprio per morirvi, venendo poi cremati in uno dei *ghaṭ*, cioè «scalinate», che immettono al Gange: la morte a Banaras è considerata di ottimo auspicio, una garanzia di beatitudini future. A Banaras, secondo vari testi, sarebbe perfino lecito e fruttuoso il suicidio.

Naturalmente, il panorama dei luoghi sacri è molto più ampio, la geografia sacra è inesauribile. Ma in realtà è un po' tutta l'India che ci appare come un insieme di epifanie del sacro. Si è vista, in relazione ai *tīrtha*, la sacralità delle acque, ma, pur se in misura minore, il discorso vale anche per le montagne. A parte il fatto che alcune tra loro hanno nomi di divinità femminili, come Annapurṇā e Nandādevī, e che la dea Durgā è chiamata anche Pārvatī, «montanara», perché figlia del Himālaya, quello che conta di più nel contesto presente è che le montagne sono meta di pellegrinaggio, soprattutto verso le loro grotte, in cui si celano *liṅga* di Śiva e maestri di saggezza.

Anche prescindendo da culti e pratiche d'interesse soprattutto locale e limitandoci a tradizioni che hanno un'importanza riconosciuta almeno per intere regioni, molto ci sarebbe da dire: prima di tutto, che le regioni dell'India possono anche essere più vaste dell'Italia, e quindi le loro tradizioni possono avere un respiro molto ampio. Spesso le tradizioni regionali rappresentano versioni particolari di dei e miti riconosciuti anche altrove, ma in forme che si differenziano dall'induismo panindiano per peculiari accentuazioni di specifici aspetti. Ma, ovviamente, ci sono anche numerose altre tradizioni assenti, o molto meno presenti, altrove.

Per esempio nel Bengala (oggi diviso tra Bangla Desh, repubblica indipendente, e Bengala occidentale, stato che fa parte della Repubblica federale indiana) le due confessioni di gran lunga maggioritarie, l'induismo nel Bengala occidentale e l'islamismo nel Bangla Desh, si sono reciprocamente influenzate; e l'induismo, in particolare quello tantrico, è stato influenzato dal buddhismo, un tempo molto fiorente, oggi assai meno. Dalla tradizione *sahajiyā* («la via dell'innato»), ancora non estinta, anche se ridotta a un filo molto esile, ma anche dal sufismo, e certo dalla *bhakti* viṣṇuita, ha tratto ispirazione la spiritualità paradossale e appassionata dei Bāul (nome che probabilmente significa «ventosi», cioè matti), poeti molto popolari ancor oggi. Ci sono anche tradizioni particolari, o qui molto più fortemente sviluppate, come quelle relative alla dea Manasā e alla sua devota Behulā e celebrazioni locali di grande prestigio, come il *melā* che si tiene a Kenduli in onore di Jayadeva, l'autore dell'amatissimo poemetto erotico kṛṣṇaita *Gītagovinda.* Lo stesso ordinamento castale, sostanzialmente rispettato, presenta però qualche peculiarità nel Bengala per il rilievo dato, nella sostanziale assenza di *kṣatriya*, ai *vaidya*, i medici, e ai *kayastha*, una classe originariamente di scrivani, che, secondo esponenti dei *kayastha* stessi, sostituirebbero gli *kṣatriya* come secondo *varṇa*.

Nel Mahārāṣṭra, la regione che oggi ha come centro principale Bombay, meritano di essere ricordate le tradizioni dei pellegrini (*vārkarī*) devoti di Viṭhobā, un dio fanciullo in cui si riconosce una forma di Kṛṣṇa, che ha il suo principale santuario a Paṇḍharpur. A parte divinità particolari, come Marīāī, signora del colera, il cui culto è celebrato da preti intoccabili di ceppo *mahār*, merita una menzione particolare il dio panindiano Gaṇeśa, qui celebrato in una grande festa di cui il leader nazionalista conservatore B.G. Tilak (1856-1920) volle enfatizzare l'importanza come strumento di aggregazione e di affermazione della forza degli induisti, in coincidenza/concorrenza con la festa musulmana del *moharram*.

Nel plasmare le tradizioni specifiche del Tami<u>l</u> Nāḍu, regione dell'India sudorientale, hanno avuto grande peso gruppi di devoti e santi śivaiti (i *Nāyanmār*, «Signori») e viṣṇuiti (gli *Ā<u>l</u>vār*, «Immersi, Sprofondati»). Alcuni di loro sono considerati tra i più grandi poeti mistici non solo dell'India, e con la diffusione del loro messaggio hanno favorito il trionfo dell'induismo nell'India meridionale. Questa forma di induismo presenta ancor oggi forti peculiarità: a parte alcune feste, come quella già citata di *poṅgal*, ha molta importanza il culto del dio Muruga<u>n</u>, nel quale si usa vedere una forma del dio Skanda. Ma qui l'identificazione appare chiaramente, se non un'etichetta sovrapposta ad arbitrio, comunque molto poco adatta a cogliere la specificità di Muruga<u>n</u>: Skanda è un dio mitologico di scarsa rilevanza per la vita devota, Muruga<u>n</u> è tra gli dei più adorati dai tami<u>l</u>.

6. *Le vie della perfezione interiore*

Chi le percorre

La tradizione induistica presenta una varietà straordinaria di vie e sentieri di perfezionamento spirituale. Ne vedremo alcuni esempi particolarmente significativi. Si deve però premettere che, per quanto sia stato e sia grande il numero dei cercatori e dei viandanti per le ardue strade dello spirito, la maggioranza degli induisti ha cercato piuttosto di conformare la propria esistenza a dei valori accessibili alla gente comune, la cui pratica non richiedesse sforzi eccezionali: la moralità, una corretta conduzione della famiglia, i riti, con le inevitabili mediazioni e i necessari adattamenti alle convenienze sociali. Non è un caso se, come è stato osservato, un poema come il *Rāmāyaṇa*, che propone modelli esemplari di comportamento soprattutto per uomini e donne legati da vincoli familiari, esalta il *dharma*, non dando rilievo all'ideale della liberazione.

Il posto dell'etica

In genere chi compie una scelta di vita ascetica pensa che una preparazione etica sia necessaria, ma insufficiente, perché non porta al superamento di quei dualismi fra bene e male che limitano l'esistenza umana anche più elevata. Il raggiungimento della perfezione spirituale è ben altro. A volte, del resto, sembra che questa meta suprema non dipenda affatto dai nostri comportamenti, ma dalla libera grazia divina. Secondo il *Bhāgavatapurāṇa* Ajāmila, corrotto a causa del matrimonio con una schiava, in punto di morte chiamò il figlio prediletto, che portava uno dei nomi di Viṣṇu: sentendosi invocare, il dio fece allontanare i messi della morte, così Ajāmila poté pentirsi e unirsi poi al dio amato: «il nome di Colui che ha altissima gloria, pronunciato sia inconsciamente, sia consciamente, brucia la colpa degli uomini, come il fuoco la legna». Però comunemente si ritiene che un forte impegno morale sia necessario.

I perché del cammino

L'India è celeberrima come paese di asceti e di cercatori spirituali. Una volta tanto, un luogo comune non falso, che ovviamente va accolto con senso critico. Ma per adesso preoccupiamoci di chiarire il perché di questa scelta di vita ad opera di tante persone. Certo, per non pochissimi tra di loro è anche un modo migliore di altri per rimediare qualcosa per vivere: le masse devote, benché con scarsa disponibilità di beni, sono molto sensibili alle esigenze degli asceti mendicanti...

Vediamo un momento chi era il vero cercatore spirituale nell'India classica, e come dovrebbe esserlo anche oggi. Però, prima di tutto, un'osservazione, per così dire, di sociologia dell'ascetismo. Oggi tanti movimenti indiani o di derivazione indiana sciamano verso l'Occidente, e si pongono il problema del reclutamento di nuovi seguaci: la cosa è comprensibile se si tiene conto delle esigenze finanziarie che, in misura ben maggiore di quanto accade negli eremi tradizionali, costituiscono un problema fondamentale per qualunque struttura contemporanea che debba competere con altre. Ma secondo la tradizione, le cose dovrebbero andare in modo molto differente: non è il maestro che cerca l'allievo, ma quest'ultimo che si impegna nella ricerca del maestro adatto: perché il discepolo deve percepire nel maestro certe qualità intellettuali, morali, umane, ma soprattutto yogiche, senza le quali il loro rapporto non avrebbe senso. Ovviamente, si insiste soprattutto sulle qualità necessarie per l'aspirante allievo. Conosciamo varie liste di virtù di cui deve essere dotato: purezza, assenza di egoismo e invidia, tranquillità d'animo, autocontrollo, rinuncia al desiderio di beni in questo mondo e negli altri, capacità di discriminare tra eterno e non-eterno...

Ma perché ci si immette in questa difficile strada? La risposta è ovvia: per la totale insufficienza della vita, di qualunque vita, inserita nel *saṃsāra*, legata a una catena senza principio e senza fine di nascite e morti. La molla che spinge alla vita ascetica può essere il tedio delle esistenze, un senso di vuoto, la percezione della loro dolorosità..., e dunque la volontà di liberarsene. Può essere il desiderio della perfezione, di avvicinarsi al dio amato, ma anche di conquistare poteri di tipo magico.

Lo Yoga, gli yoga

Il termine *yoga* è etimologicamente identico al nostro *giogo*, implica dunque un'idea di «dominio, padroneggiamento» (di sé) piuttosto che di «unione», come a volte s'intende, con lo spirito supremo: il primo significato coglie meglio i tratti comuni allo *yoga*, come disciplina psicofisica d'intervento sull'uomo, inteso come fascio di possibilità di trasformazione, piuttosto che come dato. In questo senso *yoga* equivale, più o meno, a tutta la spiritualità indiana attiva e tesa a costruire la perfezione.

Si è a lungo discusso su quali siano le origini dello *yoga*, e, pur nell'incertezza e rarità dei documenti in nostro possesso, appare molto probabile che lo *yoga* sia un fenomeno indigeno dell'India. I paralleli che si sono cercati al di fuori dell'India, per esempio con lo sciamanesimo, sono per lo più troppo generici, salvo che per aspetti particolari. I primi riferimenti sicuri e abbastanza organici si trovano in *Upaniṣad* vediche non tra le più antiche (*Kaṭha*, *Śvetāśvatara*). Da queste e da altre fonti possiamo desumere l'esistenza di una serie di pratiche di controllo del corpo (respiro, posizioni) e del pensiero (tecniche meditative) che dovevano assumere forme diverse (anche il buddhismo è uno *yoga*, ma con dottrine e pratiche peculiari) e avere motivazioni molto varie. Si andava, probabilmente, come succede ancor oggi, da coloro che si dedicavano a pratiche di questo tipo allo scopo di acquisire poteri magici ad asceti che vedevano nello *yoga* un mezzo per conseguire la liberazione spirituale; ci sarà stato chi poneva più fortemente l'accento sull'obiettivo di una trasformazione portentosa del corpo, chi, invece, mirava a un totale distacco dalla natura.

La più organica presentazione dello *yoga* è costituita dagli *Yogasūtra* di Patañjali, d'incerta età: a molti studiosi sembra dubbia l'identificazione tradizionale con l'omonimo linguista (II sec. a.C.?), autore del *Grande Commento* alla grammatica di Pāṇini. Lo *Yoga* di Patañjali s'inquadra in un contesto dottrinale di contrapposizione tra la natura primigenia (*prakṛti*), con i suoi derivati, e gli spiriti (*puruṣa*). Queste dottrine trovarono nei primi secoli della nostra era una sistemazione nel cosiddetto *Sāṃkhya* classico, così denominato perché punto di approdo, tutt'altro che unico o definitivo, di una linea di spiritualismo non universalistico com'è invece il *Vedānta* e che troviamo diversamente formulato (in senso teistico) per esempio nell'epica. Solitamente si dice che Patañjali, dando una sistemazione al mondo delle pratiche yogiche, si sarebbe appoggiato al *Sāṃkhya*, utilizzandone le dottrine, sia pure con qualche differenza rispetto ad esso. Ma è più probabile che pratiche yogiche e riflessione siano andate di pari passo; il *Sāṃkhya* potrebbe anche essere una specializzazione intellettualistica del complesso psicofisico dello *yoga*. Tradizionalmente *Sāṃkhya* e *Yoga* di Patañjali sono visti come due scuole strettamente collegate.

Il *Sāṃkhya* si presenta come un dualismo pluralistico, in cui uno dei due principi primi è costituito da una pluralità di spiriti. *Prakṛti* e *puruṣa* sono realtà ontologicamente diverse, ma, per inesplicabile e dolorosa evenienza, connesse tra di loro. Scopo della disciplina è porre fine a questo rapporto, troncando quindi ogni forma di relazione tra il singolo spirito e la natura, compresi tutti i prodotti dell'evoluzione di quest'ultima, quindi i corpi, ma anche ciò che rientra nella sfera dell'attività mentale. Secondo questa dottrina la liberazione è la conclusione di un processo di distacco dalla natura da parte di un singolo spirito: per cui la meta non sta nell'identificazione con lo spirito universale, ma in un totale isolamento (*kaivalya*). Coerentemente Patañjali definisce lo *yoga* come l'arresto delle attività della mente, cioè del rapporto del *puruṣa* con la più alta esplicitazione del mondo naturale.

Lo *yoga* patañjaliano si articola in otto *aṅga* («membra»), ci sono anche forme di *yoga* a sei *aṅga*. I primi due, di carattere preparatorio, costituiscono un'imprescindibile purificazione morale e fisica: *yama* «costrizioni» (che includono *ahiṃsā*, «nonviolenza», *satya*, «veri(dici)tà», *asteya*, «non rubare», *brahmacarya*, «castità», *aparigraha*, «rinuncia al possesso») e *niyama* «ingiunzioni, discipline» (che includono *śauca*, «purezza» anche fisica, *saṃtoṣa*, «contentamento», *tapas*, «ascesi», *svādhyāya*, «studio», *īśvarapraṇidhāna* «abbandono al Signore»). Contrariamente al *Sāṃkhya* classico lo *Yoga* di Patañjali riconosce l'esistenza di un Dio, spirito naturalmente libero, non cosmogonico, ma d'importanza esemplare per il cercatore spirituale. Seguono l'*aṅga* dei modi di sedere (*āsana*), cioè delle posizioni del corpo, e quello del *prāṇāyāma* («controllo del respiro»): sono discipline alle quali dedica maggior attenzione il *Haṭhayoga*. Il processo di controllo psicofisico si completa con il *pratyāhāra*, la «ritrazione» delle facoltà di conoscenza dal mondo esterno. Gli *aṅga* seguenti, senza soluzioni di continuità sulla linea di un progressivo approfondimento, sono interamente mentali: *dhāraṇā*, «concentrazione» su un solo oggetto, *dhyāna*, «meditazione», *samādhi*, «composizione», ormai comunemente tradotto, sulle orme di Eliade, con «enstasi», a indicare una condizione, non di rapimento mistico fuori di sé come l'estasi, ma di totale riassorbimento dello spirito in sé stesso.

Patañjali riconosce che la pratica yogica consente l'acquisizione di poteri straordinari (*vibhūti*), ma ne limita il valore, in confronto con quella che è la finalità suprema del suo *Yoga*. Altre forme e tradizioni, specialmente di tipo più popolare, danno invece grande rilievo a questi poteri, da autentici maghi. Molto spesso queste tradizioni e tecniche popolari fanno ricorso, più che alle discipline patañjaliane, a quelle del *Haṭhayoga* («*Yoga* della forza», detto anche della «giara, o vaso», cioè del corpo definito «contenitore» debole dello spirito, e perciò da rafforzare, «cuocere» col fuoco yogico). Il *Haṭhayoga*, di cui sono testi autorevoli la *Haṭhayogapradīpikā*, «Lucerna del H.», la *Gheraṇḍasaṃhitā*, «Raccolta di Gheraṇḍa» e alcune *Upaniṣad* postvediche, s'incentra soprattutto su pratiche di purificazioni (lavaggi, pompaggi d'acqua nel retto e nella vescica, contrazioni alterne delle due metà della parete addominale e così via), su numerosi e spesso complicati *āsana*, su complesse pratiche respiratorie. Queste tecniche del *Haṭhayoga* sono come un tesoro a disposizione delle più varie correnti spirituali, come per esempio del tantrismo. Preliminari, per certi riguardi, allo *Yoga* di Patañjali, esse si collegano, per la loro insistenza su un ideale di perfezione corporea necessaria per il conseguimento del sommo bene, oltre che alla medicina āyurvedica, alla tradizione indiana dell'alchimia, disciplina spirituale di conseguimento della longevità e della perfezione fisica che, come tale, figura degnamente come *Raseśvaradarśana* («Scuola del signore delle essenze», cioè del mercurio) tra le scuole di pensiero e di spiritualità. In effetti tale scuola è un complesso di tecniche psicofisiche, basate su un sistema di riferimenti e omologie tra l'uomo e gli elementi, che utilizzano discipline haṭhayogiche non meno che operazioni chimiche o preparati farmacopeici per raggiungere la divinizzazione dell'uomo e la libertà assoluta.

La sintesi della «Bhagavadgītā»

Questo poemetto di 700 strofe è il testo fondamentale della *bhakti* kṛṣṇaita, ma la sua popolarità non conosce confini di correnti o di scuole: mandato a memoria, conosciuto anche solo per singole strofe, commentato e interpretato nei modi più diversi, è anche, ormai da più di due secoli, uno degli apporti più originali dell'India alla cultura mondiale. È stato infatti tradotto in tante lingue, studiato e amato da uomini e donne dei più diversi paesi. L'occasione per l'inserimento del poemetto nel *Mahābhārata* proprio quando sta cominciando la battaglia finale è data dall'improvvisa crisi morale di Arjuna, eroe nobilissimo, che, posto di fronte alla necessità di combattere e uccidere parenti schierati nell'esercito nemico, si rifiuta, in preda alla disperazione. Kṛṣṇa, che Arjuna pensa sia solo un principe amico che gli fa da auriga, si propone di fargli superare questa crisi: la *Gītā*, come comunemente si chiama il poemetto, ha dunque lo scopo di fornire una motivazione adeguata per la cruenta attività dei guerrieri, anche nel caso estremo di una dolorosissima guerra intestina. Ma ridurre la *Gītā* a questo sarebbe impoverirla oltre misura: a parte il fascino della poesia, il suo insegnamento è infinitamente più ricco. Per quanto il problema morale di Arjuna torni negli andirivieni del discorso, il testo va ben oltre. Affronta il problema di Arjuna su di un piano molto più generale: la soluzione del contrasto, di ogni possibile contrasto, fra dovere universale di nonviolenza e dovere di casta – in questo caso, di violenza – vede il prevalere, qui e ora, del dovere specifico della casta e dello stato di vita (assumendo altre condizioni, si potrà mutarlo). La pesantezza dell'azione cruenta (l'azione è inevitabile perché abbiamo un corpo, prodotto dell'evoluzione naturale, soggetto allo squilibrio dei *guṇa*, le proprietà costitutive della natura) può essere alleviata dalla consapevolezza di uccidere solo dei corpi, perché lo spirito è eterno. Ma, sia ben chiaro, per superare il rischio che questo insegnamento sia recepito in modi irresponsabili, Kṛṣṇa non raccomanda qualunque azione, bensì solo il *dharma* specifico. Inoltre il maestro divino presenta un articolato panorama di vie di salvezza, tutte chiamate *yoga*, cioè discipline.

In ordine decrescente di novità, va prima di tutto nominato lo *yoga* della conoscenza, che qui assume l'aspetto di una via spirituale che, nel contesto dualistico del *Sāṃkhya*, ma inquadrata in una prospettiva teistica unificante (il *Sāṃkhya* è insegnato da Dio che è unica realtà!), insiste sui valori più intellettuali e meditativi del distacco dal mondo naturale. Ma questa via non è la più adatta a Arjuna e alla gente comune: per tutti costoro è meglio la via dell'azione. Il *karman* lega chi agisce, ma la *Gītā* indica invece una via che fa dell'opera uno strumento di liberazione: bisogna agire secondo il dovere, ma con disinteresse per il risultato dell'azione. Al massimo impegno nell'azione doverosa deve corrispondere il totale distacco dai frutti che possono derivarne: combatti come meglio puoi, ma che tu vinca o perda, che tu uccida o sia ucciso, deve essere indifferente per te. Questo è il *karmayoga*, la disciplina dell'azione, che così non lega, anzi si fa strumento di distacco dal mondo e di emancipazione. Ma la *Gītā* va oltre, e da questa disciplina dell'azione si passa gradualmente alla *bhakti*: perché i frutti dell'azione devono essere abbandonati al Signore, che la comanda. Si sarà liberi dai frutti dell'opera se si agisce con la giusta disposizione spirituale come esecutori della volontà divina. A liberare il *karmayoga* da quel tanto di rigido che talora si può sospettare in una concezione e pratica del dovere per il dovere, c'è dunque un elemento di forte legame devoto: si passa così alla *bhakti*, esaltata anch'essa come via spirituale, *yoga*, e, se si leggono i canti IX e XII della *Gītā*, non vi è dubbio che questo sia lo *yoga* supremo. La splendida spaventosa teofania del canto XI certifica con la potenza abbacinante di una serie multipla d'identificazioni che Kṛṣṇa è la realtà infinita, il grande tempo che ha assorbito dall'eternità le nostre povere vite. È anche persona: l'unico dio, cui vanno le preghiere rivolte agli altri dei (nulla va perduto), il dio amorevole che vuole salvare tutti. Basta amarlo: la *bhakti* della *Gītā* non ha i toni di accesa sensualità erotica di tanta *bhakti* delle età successive; forse, come si conviene tra guerrieri, è più un senso di amicizia devota, nondimeno è amore. Il *bhaktiyoga* è l'amore per Kṛṣṇa, il dio che non abbandona chi lo ama, come via di perfezionamento interiore: la concentrazione del pensiero sull'amato, tipica degli innamorati, purifica e innalza. In realtà Kṛṣṇa non abbandona neppure chi, per debolezza o altre infermità dello spirito, non lo sa amare: abbandonatevi a me, dice, voi infimi e disperati, e io vi salverò. Questa parte del suo messaggio, se non ha introdotto un elemento dirompente nella storia della ricerca spirituale indiana, è però rimasta, con tutta la sua forza, compagna della vita dei reietti, non più disperati.

I «darśana»

Tra le vie spirituali figurano anche delle scuole di pensiero, per indicare le quali il nome più usato è *darśana*, «visione, strumento di visione, punto di vista». Nelle elencazioni tradizionali il loro numero varia: la presentazione più completa, il *Sarvadarśanasaṃgraha* di Mādhava (sec. XIV) ne descrive quindici o sedici (è incerta la pertinenza all'opera della trattazione di un *darśana*), tra cui la scienza grammaticale e l'alchimia, anch'esse strumenti di perfezione dello spirito. Comunemente si parla di sei *darśana*, ma per vario tempo l'identificazione specifica deve essere rimasta fluida. I sei *darśana* classici sono scuole induistiche: restano esclusi buddhisti e materialisti ma anche molta parte del pensiero induista e le scuole tantriche.

I *darśana* costituiscono delle visioni organiche della realtà e dei valori. La loro pertinenza alla storia della spiritualità induistica è indubbia, dimostrata anche dalla vita di coloro che li hanno seguiti e illustrati. Qualcuno ne ha discusso la necessità, dal momento che s'inseriscono in un panorama che conosce tante altre vie per raggiungere il sommo bene, alcune delle quali, almeno in apparenza, decisamente più facili; ma evidentemente certi gruppi di persone, per esigenze di chiarificazione personale o di polemica con gli avversari, hanno sentito l'urgenza di seguire sentieri di ricerca di forte impegno intellettuale.

Dei sei *darśana* due sono in realtà – più che filosofie della ricerca spirituale – l'uno, una scuola di logica (*Nyāya*), l'altro una scuola fisica atomistica (*Vaiśeṣika*), collegati tra loro tanto da costituire un tutto unico per un certo periodo della loro storia. Non è necessario parlarne qui: sono comunque dottrine di asceti e intellettuali induisti che accettano le idee panindiane del *karman*, del *saṃsāra*, pur senza contribuire granché alla ricerca in questi campi.

Più importanti sono gli altri quattro *darśana*. Di *Sāṃkhya* e *Yoga* si è già parlato, occupiamoci ora brevemente della coppia delle *Mīmāṃsā* («Indagine»). Si tratta di due scuole, in origine presumibilmente un tutto unico, che prendono a oggetto della riflessione il *Veda*, la prima (*Pūrvamīmāṃsā*) la parte rituale, la seconda (*Uttaramīmāṃsā*) la parte conoscitiva, cioè le *Upaniṣad*. Siccome le *Upaniṣad* costituiscono la parte finale della rivelazione vedica, cioè il *Vedānta* («fine del *Veda*»), da queste il nome di *Vedānta* è passato all'*Uttaramīmāṃsā*; di conseguenza la *Pūrvamīmāṃsā*, non sussistendo quasi più la possibilità di confusione, si denomina comunemente *Mīmāṃsā*. Di essa si può dire che è la filosofia dei brahmani ritualisti, che tradizionalmente dava più risalto al cielo come meta ambita che alla liberazione.

Del *Vedānta* conviene fare un discorso un poco più lungo, perché rappresenta uno degli aspetti e delle realizzazioni più importanti della spiritualità induistica. In realtà si tratta di un insieme di scuole anche con idee molto differenti, che si rifanno a un fondamento testuale comune (salvo poi aggiungere o mettere addirittura in primo piano altri testi): le *Upaniṣad*, la *Bhagavadgītā* e i *Brahmasūtra* («Aforismi sul *brahman*») di Bādarāyaṇa, il testo-base di scuola, composto da brevi frasi la cui estrema sinteticità favorisce la libertà interpretativa dei commentatori. Alcuni dei più grandi maestri del pensiero indiano ci comunicano le loro idee attraverso questo gioco di mediazione esegetica.

La scuola del *Vedānta* di cui abbiamo la prima più cospicua testimonianza è quella della «Non-dualità dell'essere unico» (*Kevalādvaita*), che trae coerenti conseguenze dalla dottrina upaniṣadica dell'identità *brahman-ātman*: il *brahman* è l'unica realtà, io sono il *brahman*, non c'è nient'altro. Questa, secondo Śaṅkara, il più celebrato maestro della scuola, commentatore sommo dei *Brahmasūtra* e delle *Upaniṣad* vediche, è la dottrina delle *Upaniṣad* quando insegnano senza schermi e mediazioni la verità suprema. La via verso il sommo bene non si fonda su opere rituali o d'altro genere: la liberazione è la riscoperta della propria identità, un fatto esclusivamente di conoscenza. Sarebbe addirittura un processo illusorio di conquista della realtà che noi siamo sempre, come aveva detto prima di Śaṅkara un illustre suo predecessore, Gauḍapāda, per il quale i confini tra il mondo dello stato di veglia e quello del sogno tendevano a scomparire, nella comune irrealtà.

Tutte le scuole del *Vedānta* costituiscono discipline salvifiche, sia che facciano affidamento soltanto sulla conoscenza, almeno come via suprema verso il sommo bene, sia che mirino a un equilibrio tra la gnosi e la *bhakti*, e s'inquadrano perfettamente nell'ambito della più alta spiritualità induistica. Il pensiero di Śaṅkara trova una precisa collocazione nell'induismo: la via della verità suprema che s'identifica con il *brahman* senza attributi o qualificazioni è riservata a persone nelle quali l'elevatezza morale si fonda su di una pari altezza di casta, mentre agli altri uomini sono riservate vie più semplici e di carattere preparatorio. Śaṅkara ha combattuto il buddhismo e le altre dottrine extravediche, oltre, ovviamente, a quelle di derivazione vedica da cui dissentiva, ha fondato conventi in concorrenza col buddhismo e sostenuto il culto di tipo *smārta*. Il suo insegnamento si fonda su una fitta rete di riferimenti alla *śruti*. Questo non significa che si esaurisca in essi, fa anche posto a forme di conoscenza intuitiva, di carattere esperienziale.

Personalmente, Śaṅkara era un devoto induista, śivaita, si dice (qualcuno ha invece supposto che fosse viṣṇuita), ma le sue idee religiose non compaiono in primo piano nelle sue opere speculative. Per i grandi maestri di età successiva delle altre scuole il discorso cambia nettamente, la *bhakti* pervade di sé tutta la loro attività: il *brahman* è sempre più il dio amato. Il discorso non vale interamente per Rāmānuja, maestro viṣṇuita del *Viśiṣṭādvaita* («Non-dualità dell'essere qualificato»), per il quale spiriti e mondo sono come attributi dell'essere supremo. Per lui, tra l'altro, la *bhakti* è riservata ai *varṇa* superiori, agli altri resta solo la *prapatti*: col che la *bhakti* era pienamente riconosciuta nella cultura alta, ma pagava questa consacrazione con una negazione delle sue origini, alle quali hanno contribuito anche santi del basso popolo.

Pienamente religiosa, sempre in senso viṣṇuita, è anche la filosofia *dvaita* («dualità») di Madhva, che insiste, capovolgendo la posizione śaṅkariana, sull'irriducibilità delle differenze: tra il *brahman* e gli spiriti, tra il *brahman* e le cose, degli spiriti tra di loro, delle cose tra di loro, tra gli spiriti e le cose. Si tratta di una dottrina pluralistica, per la quale l'esegesi di Madhva e dei suoi seguaci coglie, fin troppo ingegnosamente, ogni possibilità di libera interpretazione dei testi di riferimento.

Le scuole del *Vedānta* sono tante, numerosi sono anche i commenti ai *sūtra*, per esempio di tendenza caitanyita, fino ai nostri giorni: qualche decennio fa ne diede un ammirato commento Sarvepalli Radhakrishnan, filosofo indiano tra i più noti anche in campo internazionale. E delle idee vedāntiche, soprattutto di un *Vedānta* śaṅkariano inteso in forme meno drastiche (cioè con un atteggiamento meno negativo di fronte al mondo, ai suoi valori, al progresso sociale, alla ricchezza derivante dalla diversità delle culture e delle tradizioni spirituali) si dichiarano seguaci ancora oggi non pochi intellettuali induisti.

Lo yoga tantrico

È soprattutto nei *tantra*, ma non solo, che troviamo la testimonianza ricchissima e multiforme di uno *yoga* non più solamente legato a una fuga dal mondo, a un processo di emancipazione dello spirito, ma teso alla conquista di una libertà che sia completa signoria. È un fenomeno che taglia trasversalmente tutta la spiritualità indiana, buddhismo incluso. È, insieme, un nuovo *yoga* che estende, superando la vergogna e il disgusto, la disciplina a pratiche da cui lo *yoga* classico rifugge, con la rivalutazione degli istinti vitali come strumento per raggiungere la meta suprema. Storicamente può apparire come un insieme di fenomeni di risulta (emergono pratiche e idee di antichità remota, forse non arie) e anche d'incontro con influenze straniere (si parla ad esempio di «pratiche cinesi»). Ma in realtà il complesso tantrico prolunga e estende il ritualismo brahmanico, trasformandolo.

Lo *yoga* tantrico è in buona parte fondato su pratiche nuove, che possono anche apparire aberranti, ma che acquistano un senso preciso perché sono proprie di un'élite speciale, qualificata dall'iniziazione. Si tratta di un insieme di discipline che non ha la chiara organicità dello *yoga* di Patañjali, anche perché in parte di carattere esoterico. Alcune sono diffuse anche al di fuori del tantrismo, in cui però assumono un'importanza speciale, come la ripetizione di *mantra*, suoni magici, la riflessione sui valori della parola, la meditazione sul *maṇḍala*, un cosmopsicodiagramma variamente composto. Si può distinguere un insieme di vie della mano destra, con pratiche di carattere meno «scandaloso», e uno della mano sinistra, che comprende pratiche, simboliche o reali, il cui nome comincia con *m* (*pañcamakāra*): cioè l'uso di bevande inebrianti, carne, pesce, *mudrā* (forse grani abbrustoliti) e l'accoppiamento sessuale (*maithuna*). Eseguite nel modo corretto, queste pratiche producono una crisi fortissima, in particolare l'accoppiamento sessuale che, risvegliando e mettendo in moto soprattutto con un'innaturale revulsione del seme virile la divina potenza, concepita come un serpente arrotolato (*kuṇḍalinī*) alla base della colonna vertebrale, consente la risalita della coscienza lungo l'arteria centrale (*suṣumnā*) del corpo sottile, verso stati sempre più alti di coscienza, fino, al livello corrispondente alla sommità del capo, al loto dai mille petali, cioè all'unità con Śiva. Non è dunque una scelta edonistica, è piuttosto la realizzazione nel proprio complesso psicofisico, sotto costante controllo, di una sorta di operazione alchemica. È fondamentale che queste pratiche, accuratamente preparate in ambiente e con guida adatti, siano compiute con lo stato d'animo giusto, uscendone da vincitori. Si usa dire che gli stessi atti che condannano la gente comune a lunghissime pene infernali sono il mezzo per accedere alla perfezione spirituale.

Varie le scuole e correnti dello *yoga* tantrico. Tra di esse meritano almeno di essere segnalate quelle dello śivaismo kaśmīro (ad esempio del Riconoscimento, della Vibrazione, Triadica), raccolte in profonda sintesi da Abhinavagupta (X-XI sec.), che, continuando una linea di maestri di alto livello (come Vasugupta e Utpaladeva), ha insegnato un nondualismo non illusionistico: Śiva, unica infinita realtà, pur restando identico a se stesso, si articola in un aspetto dinamico femminile, la *śakti*, grazie a cui dà origine al processo evolutivo universale; il riconoscimento della propria essenziale «śivaità», attraverso dottrina e pratiche, porta alla liberazione.

Le grandi tradizioni confessionali

Parlando della *bhakti* e del *Vedānta* si è già avuto modo di vedere varie tradizioni di devozione come via di perfezionamento spirituale. Tante altre meriterebbero di essere nominate, alcune ormai estinte, altre tuttora vitali. Tra queste merita almeno un cenno la scuola che fa capo al bengalese Caitanya (ca. 1485-1533). Viśvaṃbharamiśra era il suo vero nome (Caitanya significa «coscienza»). Rimasto sconvolto dall'iniziazione, fu una grande figura di mistico, una specie di folle sacro che col suo amore bruciante per Kṛṣṇa toccò vette o piuttosto abissi profondissimi della *bhakti*: passati i quarant'anni, anche secondo i suoi discepoli, non ebbe quiete alla sua pazzia se non ascoltando canti di lode per il dio. Di lì a non molto scomparve, secondo i devoti, assorbito nel dio amato in un suo tempio. Ebbe molti e diversi seguaci, che – mentre Caitanya non aveva scritto quasi niente (probabilmente solo una breve poesia in sanscrito in cui parla di sé al femminile) – diedero origine a una ricca e dotta letteratura in sanscrito e in bengalese. Essa consiste non solo di biografie del maestro, liriche, drammi, ma anche di ponderosi trattati nei quali si delinea la complessa teologia caitanyita, anche con originali reinterpretazioni della letteratura precedente, in cui assume una posizione centrale il *Bhāgavatapurāṇa*. Tutti i suoi seguaci sono convinti della soprannaturalità di Caitanya. Per alcuni è un *avatāra*, del gioco divino o della *bhakti*, cioè il dio d'amore che ha preso forma sia per dare un modello ai devoti, sia per sperimentare modalità non usuali di *bhakti* (Dio che si ama come separato da se stesso, cioè fa l'esperienza delle pene del distacco). Per altri è Kṛṣṇa nella sua pienezza, o ancora Kṛṣṇa e l'amatissima Rādhā uniti insieme (la forma unitaria permette di sentire il loro reciproco amore nelle due direzioni, e in partenza e in arrivo). Si tratta di concezioni differenti, ma non necessariamente sentite come contrastanti. Per questa scuola, dunque, Kṛṣṇa-Caitanya è la realtà suprema, il *brahman* è solo l'alone luminoso che ne promana. È un dio liberissimo di assumere qualunque forma, anche di essere impersonale, nella sua perfetta infinita personalità di giovane dedito ai giochi d'amore.

Questi giochi sono il modello della *bhakti* umana, per la quale i teologi caitanyiti tracciano precise gerarchie: dalla quiete interiore al sentimento di dipendenza, all'amicizia, all'affetto paterno, alla dolcezza d'amore: l'amore coniugale, e, superiore a tutti, l'amore per la donna altrui. Non è un'esaltazione dell'adulterio e anzi questa scuola è di comportamenti piuttosto puritani, se non sessuofobici. È invece, com'è comprensibile se si tiene conto della prassi indiana del matrimonio tra bambini concordato dai genitori, l'esaltazione della scelta di Rādhā, sposata a un altro e amante appassionata di Kṛṣṇa, presa a modello dell'amore come libero irresistibile slancio contro tutte le costrizioni. Specialmente nel Bengala, però, vari uomini e donne, seguendo integralmente l'esempio di Kṛṣṇa e Rādhā, hanno voluto riattivare qui e ora la leggenda del gioco divino: così ogni coppia di amanti, uniti in «circoli del piacere», è stata, *è*, ora e sempre, i due amanti divini.

Per saperne di più

Chi volesse cercare un primo approfondimento dei temi e delle questioni di cui si parla in questo libro, fortunatamente può oggi trovare una buona serie di opere anche nella nostra lingua. La nostra indologia è sempre stata di eccellente qualità, anche se con qualche lacuna in certi settori, ma purtroppo, dato il ridotto interesse del pubblico colto, riusciva difficile pubblicare. Da qualche decennio ormai non è più così. L'India, con le sue tradizioni e arti di realizzazione yogica, con i suoi riti e con il fascino di un'arte sacra così diversa dalla nostra, è balzata al centro di un interesse diffuso, che conosce alti e bassi, ma appare ormai abbastanza consolidato. Onde una ricca produzione editoriale, che mette a disposizione tutta una serie di opere di buona qualità. Di almeno alcune di queste si farà menzione qui, il che, ovviamente, non significa che l'autore di questo libro ne condivida *in toto* le posizioni – ma al di là delle opzioni personali, ne riconosce almeno la complessiva affidabilità. Forse, per quanto si sia cercato di non creare problemi al lettore, non tutte le opere che saranno citate sono reperibili al momento sul mercato librario, ma certo lo sono in numerose biblioteche pubbliche.

Ritengo opportuno partire da una serie di opere di carattere generale, che spesso, oltre a una prima informazione accettabile, forniscono indicazioni bibliografiche per ulteriori ricerche. È giusto citare la vecchia, ma successivamente integrata, *Enciclo-*

pedia Italiana Treccani, seguita da serie minori aggiornate, l'*Enciclopedia Europea Garzanti*, che ha un intero volume dedicato in buona parte a bibliografie, il *Dizionario Universale* della UTET ecc. Va tenuta presente, perché ancora in larga misura valida, l'*Enciclopedia delle religioni* pubblicata da Vallecchi (1970-76) – nella quale la grande maggioranza delle voci è opera dell'ammirevole lavoro di un unico studioso, Alfonso Maria Di Nola – come anche il molto meno voluminoso, ma pure apprezzabile *Dizionario delle religioni*, diretto da G. Filoramo, Torino, Einaudi, 1993, con attendibili voci sull'induismo. Non vanno dimenticate la grande *Enciclopedia Filosofica*, edita da Sansoni per il Centro Filosofico di Gallarate, e neppure le grandi enciclopedie specialistiche (dell'arte, dello spettacolo, ecc.) pubblicate dall'Ente dell'Enciclopedia Italiana, ma anche altre minori, come quella Garzanti di *Filosofia*. Utili informazioni su testi induistici si possono trovare nel *Dizionario Bompiani delle opere e dei personaggi*, in quello UTET *dei Capolavori*, ecc.

Tra le storie generali delle religioni segnalo quella diretta da H.Ch. Puech (Roma-Bari, Laterza, 1978, vol. 13) e, sempre per le edizioni Laterza, quella diretta da G. Filoramo (1996, vol. 4) e il più conciso *Manuale di storia delle religioni* del 1998. Per quadri generali dell'induismo, si vedano P. Filippani Ronconi, *Magia, religioni e miti dell'India*, Roma, Newton-Compton, 1981; S. Piano, *Sānatanadharma,* Torino, San Paolo, 1996, ottimo libro d'ispirazione cattolica; Id., *Lessico elementare dell'induismo*, Torino, Promolibri Magnanelli, 2001; un'interpretazione dei valori dell'induismo nella prospettiva delle scienze umane in M. Biardeau, *L'induismo. Antropologia di una civiltà*, Milano, Mondadori, 1985; classici dell'interpretazione sociologica sono la parte relativa all'India della *Sociologia delle religioni* di M. Weber, Torino, UTET, 1976 e L. Dumont, *Homo hierarchicus. Il sistema delle caste e le sue implicazioni*, Milano, Adelphi, 1991. Per la storia del pensiero, si veda H. von Glasenapp, *Filosofia dell'India*, Torino, SEI, 1988; G.

Scalabrino Borsani, *La filosofia indiana*, Milano, Vallardi, 1976; G. Tucci, *Storia della filosofia indiana*, Milano, TEA, 1992. Per il vedismo: V. Papesso, *Inni del Rigveda*, Roma, Ubaldini, 1979 e dello stesso autore *Inni dell'Atharvaveda*, Bologna, Zanichelli, 1933; S. Sani, *Rgveda. Le strofe della sapienza*, Venezia, Marsilio, 2000; R. Ambrosini, *Magia e sapienza dell'India antica. Inni dell'Atharvaveda*, Bologna, CLUEB, 1984; Ch. Orlandi e S. Sani, *Atharvaveda. Inni magici*, Torino, UTET, 1992; C. Della Casa, *Upaniṣad*, Torino, UTET, 1976. Per i testi principali dell'induismo post-vedico, si veda la traduzione ottocentesca di G. Gorresio del *Rāmāyaṇa*; V. Pisani, *Mahābhārata. Episodi scelti*, Torino, UTET, 1968; S. Piano, *Bhagavadgītā. Il canto del glorioso Signore*, Torino, San Paolo, 1994; G.R. Franci, *La crisi morale di Arjuna nella Bhagavadgītā e la soluzione karmayogica: alcune difficoltà. Superabili?*, in «Studi orientali e linguistici», III, Bologna, CLUEB, 1986. Per la *bhakti* in genere, storia e testi, G.R. Franci, *Bhakti. L'amore di Dio nell'induismo*, Fossano, Esperienze, 1970; E. Panattoni, *Inni degli alvar*, Torino, UTET, 1993. Per lo *yoga*, M. Eliade, *Lo Yoga. Immortalità e libertà*, Milano, Rizzoli, 1995; S. Piano, *Enciclopedia dello yoga*, Torino, Promolibri, 1996; traduzioni degli *Yogasūtra* di C. Pensa, Torino, Boringhieri, 1962 e di P. Magnone, Torino, Promolibri, 1991 (dello stesso Pensa la traduzione del testo classico del *Sāṃkhya*: le *Sāṃkhyakārikā* di Īśvarakṛṣṇa, Torino, Boringhieri, 1960). Per il *Haṭhayoga*, G. Spera, *Svātmārāmā. La lucerna dello Haṭhayoga*, Torino, Promolibri, 1990; S. Fossati, *Insegnamenti sullo yoga* (*Gheraṇḍasaṃhitā*), Torino, Promolibri, 1994. Per lo *yoga* tantrico e śivaita: oltre a A. Bharati, *La tradizione tantrica*, Roma, Ubaldini, 1977; J. Varenne, *Il tantrismo*, Milano, Sugarco, 1985; A. Pelissero, *Il riso e la pula. Vie di salvezza nello sivaismo del Kasmir*, Alessandria, Edizioni dell'Orso, 1998; vanno segnalati i lavori di R. Gnoli (*Testi dello śivaismo*, Torino, Boringhieri, 1962; *Abhinavagupta. Essenza dei tantra*, Torino, Boringhieri, 1979; *Luce delle sacre scritture (Tantrāloka)*,

Torino, UTET, 1972) e della sua scuola (per esempio R. Torella, *Gli aforismi di Śiva*, Milano, Mimesis, 1999); per aspetti specifici della ritualistica e delle dottrine, G. Tucci, *Teoria e pratica del mandala*, Roma, Ubaldini, 1969; P. Filippani Ronconi, *Vāk. La parola primordiale*, Ancona, Pungitopo, 1987. Per almeno alcuni aspetti dei *darśana*: G.R. Franci, *Studi sul pensiero indiano*, Bologna, CLUEB, 1975; M. Piantelli, *Śākara e la rinascita del brahmanesimo*, Fossano, Esperienze, 1974. Per le tradizioni e le correnti dell'India moderna: S. Piano, *Guru Nānak e il sikhismo*, Fossano, Esperienze, 1975 e *Canti religiosi dei Sikh*, Milano, Rusconi, 1985; I. Vecchiotti, *Pensatori dell'India contemporanea*, Roma, Corso, 1959 e *Storia della filosofia indiana dal XVIII al XX secolo*, Roma, Ubaldini, pubblicata in più volumi a partire dal 1982. Delle opere dei maestri contemporanei, come Gāndhī, Tagore e Aurobindo, ci sono varie traduzioni italiane, e molti studi sul loro pensiero.

Finito di stampare nel mese di febbraio 2013
dalla litosei, via rossini 10, rastignano (bologna)
www.litosei.com

Stampato su carta Arcoprint Milk di Fedrigoni S.p.A.,
prodotta nel pieno rispetto del patrimonio boschivo

farsi un'**idea**

Europa

L'Unione europea, *di Piero S. Graglia*
L'allargamento dell'Unione europea, *di Enrico Letta*
L'Europa a venticinque, *di Enrico Letta*
L'economia europea, *di Paolo Guerrieri e Pier Carlo Padoan*
Il Parlamento europeo, *di Luciano Bardi e Piero Ignazi*
Il mercato unico europeo, *di Roberto Santaniello*
L'euro, *di Lorenzo Bini Smaghi*
La Banca centrale europea, *di Francesco Papadia e Carlo Santini*

Politica e istituzioni

Lo stato e la politica, *di Paolo Pombeni*
Lo Stato di diritto, *di Roberto Bin*
Il governo delle democrazie, *di Augusto Barbera e Carlo Fusaro*
Il federalismo, *di Sofia Ventura*
La classe politica, *di Gianfranco Pasquino*
I think tank, *di Mattia Diletti*
Donne e politica, *di Giuditta Brunelli*
Partiti politici in Italia, *di Piero Ignazi*
Il sistema politico italiano, *di Carlo Guarnieri*
La Costituzione, *di Valerio Onida*
La Corte costituzionale, *di Alfonso Celotto*
Il presidente della Repubblica, *di Carlo Fusaro*
Il governo della Repubblica, *di Piero Calandra*
La legge finanziaria, *di Luca Verzichelli*
Le autorità indipendenti, *di Fabio Merusi e Michele Passaro*
La pubblica amministrazione, *di Marco Cammelli*
Le Regioni, *di Raffaele Bifulco*
Il governo locale, *di Luciano Vandelli*

La burocrazia, *di Guido Melis*
La giustizia in Italia, *di Carlo Guarnieri*
La giustizia amministrativa, *di Guido Corso*
La giustizia tributaria, *di Francesco Pistolesi*
Il processo penale, *di Giulio Ubertis*
Separarsi e divorziare, *di Bruno de Filippis*
Il mediatore, *di Davide Pietroni e Rino Rumiati*
Il giudice dei minori, *di Luigi Fadiga*
La tutela internazionale dei diritti umani, *di Salvatore Zappalà*
La giustizia penale internazionale, *di Salvatore Zappalà*
La Nato, *di Marco Clementi*

Economia

L'economia italiana, *di L. Federico Signorini e Ignazio Visco*
L'agricoltura in Italia, *di Roberto Fanfani*
L'industria italiana, *di Magda Bianco*
Il commercio in Italia, *di Luca Pellegrini*
Il made in Italy, *di Marco Fortis*
Il brand, *di Veronica Gabrielli*
Il debito pubblico, *di Ignazio Musu*
L'evasione fiscale, *di Alessandro Santoro*
La ricchezza degli italiani, *di Luigi Cannari e Giovanni D'Alessio*
Le famiglie italiane, *di Luigi Cannari e Giovanni D'Alessio*
Il mercato, *di Giuseppe Bertola*
La new economy, *di Elena Vaciago e Giacomo Vaciago*
Concorrenza e antitrust, *di Alberto Pera*
Corporate governance, *di Alessandro Goglio e Andrea Goldstein*
Le assicurazioni, *di Giovanni Cucinotta e Laura Nieri*
Finanza e credito in Italia, *di Francesco Cesarini e Giorgio Gobbi*
La Borsa, *di Francesco Cesarini e Paolo Gualtieri*
I fondi comuni di invèstimento, *di Francesco Cesarini e Paolo Gualtieri*
Tfr e fondi pensione, *di Riccardo Cesari*
La cooperazione, *di Stefano Zamagni e Vera Zamagni*
Nonprofit, *di Gian Paolo Barbetta e Francesco Maggio*
Il microcredito, *di Leonardo Becchetti*
Economia e finanza islamica, *di Rony Hamaui e Marco Mauri*
Il Fondo monetario internazionale, *di Giuseppe Schlitzer*
La Banca mondiale, *di Alessandro Magnoli Bocchi e Matteo Piazza*
Il Wto, *di Antonio Parenti*
I fondi sovrani, *di Alberto Quadrio Curzio e Valeria Miceli*
La moneta, *di Andrea Terzi*
La banca, *di Giuseppe Marotta*
I fondi pensione, *di Riccardo Cesari*

Le multinazionali, *di Andrea Goldstein e Lucia Piscitello*
Globalizzazione e sviluppo, *di Federico Bonaglia e Andrea Goldstein*
La cooperazione internazionale allo sviluppo, *di Federico Bonaglia e Vincenzo de Luca*
La cancellazione del debito dei paesi poveri, *di Guido de Blasio e Alberto Dalmazzo*

Società

La popolazione del pianeta, *di Antonio Golini*
Gli immigrati in Italia, *di Asher Colombo e Giuseppe Sciortino*
Le nuove famiglie, *di Anna Laura Zanatta*
Nuove madri e nuovi padri, *di Anna Laura Zanatta*
L'adozione, *di Luigi Fadiga*
Storia dell'aborto, *di Giulia Galeotti*
Il capitale umano, *di Piero Cipollone e Paolo Sestito*
La scuola in Italia, *di Marcello Dei*
L'università in Italia, *di Giliberto Capano*
Il rendimento scolastico, *di Giancarlo Gasperoni*
Laurea e lavoro, *di Anna Laura Trombetti e Alberto Stanchi*
Occupati e disoccupati in Italia, *di Emilio Reyneri*
Donne al lavoro, *di Maria Letizia Pruna*
I sindacati, *di Mimmo Carrieri*
Professione medico, *di Federico Toth*
Il volontariato, *di Costanzo Ranci*
I new global, *di Donatella della Porta*
Gli scout, *di Mario Sica*
Il giornale, *di Paolo Murialdi*
Entertainment, *di Enrico Menduni*
Televisioni, *di Enrico Menduni*
La fotografia, *di Enrico Menduni*
L'arte contemporanea, *di Angela Vettese*
Design, *di Alberto Bassi*
La pubblicità, *di Annamaria Testa*
I sondaggi, *di Mauro Barisione e Renato Mannheimer*
Droghe e tossicodipendenza, *di Simonetta Piccone Stella*
Prevenire la criminalità, *di Marzio Barbagli e Uberto Gatti*
La sicurezza stradale, *di Rodolfo Lewanski e Chiara Tintori*

Religione

L'induismo, *di Giorgio Renato Franci*
Il buddhismo, *di Giorgio Renato Franci*
Yoga, *di Giorgio Renato Franci*
Il daoismo, *di Attilio Andreini e Maurizio Scarpari*

Il confucianesimo, *di Tiziana Lippiello*
Gli ebrei, *di Piero Stefani*
Gesù, *di Piero Stefani*
I musulmani, *di Paolo Branca*
I sunniti, *di Massimo Campanini*
Gli sciiti, *di Anna Vanzan*
Gli ortodossi, *di Enrico Morini*
I protestanti, *di Massimo Rubboli*
La Bibbia, *di Piero Stefani*
I Vangeli apocrifi, *di Claudio Gianotto*
L'Apocalisse, *di Piero Stefani*
Il Corano, *di Paolo Branca*
La Kabbalah, *di Giorgio Israel*
Il giubileo, *di Lucetta Scaraffia*
La Chiesa in Italia, *di Franco Garelli*
I preti, *di Marcello Offi*
Comunione e liberazione, *di Salvatore Abbruzzese*
New Age, *di Luigi Berzano*
Le sette, *di Enzo Pace*

Psicologia

Il cervello, *di Carlo Umiltà*
Neuroni specchio, *di Laila Craighero*
La mente, *di Paolo Legrenzi*
Creatività e innovazione, *di Paolo Legrenzi*
La fantasia, *di Paolo Legrenzi*
Il linguaggio, *di Patrizia Tabossi*
La memoria, *di Anna Maria Longoni*
La distrazione, *di Maria A. Brandimonte*
Noi e i numeri, *di Luisa Girelli*
Il giudizio morale, *di Luca Surian*
Decidere, *di Rino Rumiati*
Rischiare, *di Lucia Savadori e Rino Rumiati*
Mentire, *di Luigi Anolli*
Credere, *di Paolo Legrenzi*
Odiare, *di Marcella Ravenna*
Perdonare, *di Camillo Regalia e Giorgia Paleari*
Donne e uomini, *di Raffaella Rumiati*
Gay e lesbiche, *di Luca Pietrantoni e Gabriele Prati*
L'infanzia, *di Luigia Camaioni*
Il bambino va a scuola, *di Guido Petter*
Gli adolescenti, *di Augusto Palmonari*
Crescere con la Tv e Internet, *di Luciano Arcuri*
Invecchiare, *di Renzo Scortegagna*

Attaccamento e amore, *di Grazia Attili*
La felicità, *di Paolo Legrenzi*
L'ottimismo, *di Luigi Anolli*
L'autostima, *di Maria Miceli*
Il narcisismo, *di Antonio Alberto Semi*
La gelosia, *di Sergio Benvenuto*
L'invidia, *di Maria Miceli*
La timidezza, *di Giovanna Axia*
La vergogna, *di Luigi Anolli*
Sentirsi in colpa, *di Paola Di Blasio e Roberta Vitali*
Arrabbiarsi, *di Valentina D'Urso*
La paura, *di Maria Rita Ciceri*
Stereotipi e pregiudizi, *di Bruno M. Mazzara*
Il conformismo, *di Angelica Mucchi Faina*
Stare in gruppo, *di Giuseppina Speltini*
Giocare, *di Valentina D'Urso*
Comunicazione e persuasione, *di Nicoletta Cavazza*
Pettegolezzi e reputazione, *di Nicoletta Cavazza*
Le buone maniere, *di Valentina D'Urso*
Lo stress, *di Mario Farnè*
L'ansia, *di Mario Farnè*
Disturbi psicosomatici, *di Giancarlo Trombini e Franco Baldoni*
La depressione, *di Giovanni Jervis*
Le psicoterapie, *di Ezio Sanavio*
Le difficoltà di apprendimento a scuola, *di Cesare Cornoldi*
Bambini disattenti e iperattivi, *di Gian Marco Marzocchi*
La dislessia, *di Giacomo Stella*
L'autismo, *di Luca Surian*
Il ritardo mentale, *di Pietro Pfanner e Mara Marcheschi*
La sindrome di Down, *di Stefano Vicari*
Ragazzi violenti, *di Filippo Muratori*

Scienza, medicina e ambiente

La teoria dell'evoluzione, *di Telmo Pievani*
Storia della vita sulla terra, *di Raffaele Sardella*
L'era glaciale, *di Raffaele Sardella*
I terremoti, *di Marco Massa e Romano Camassi*
La biodiversità, *di Marcello Buiatti*
La vita del mare, *di Maria B. Rasotto*
Scimmie, *di Giorgio Manzi e Julia Rizzo*
Homo sapiens, *di Giorgio Manzi*
L'evoluzione umana, *di Giorgio Manzi*
Uomini e ambienti, *di Giorgio Manzi*
Popolazioni e diversità genetica, *di Luciano Terrenato*

Osservare l'universo, *di Paolo De Bernardis*
L'esplorazione dello spazio, *di Giovanni F. Bignami*
L'energia pulita, *di Pietro Menna*
L'energia solare, *di Pietro Menna e Francesco Pauli*
La geotermia, *di Adele Manzella e Carlo Ungarelli*
L'energia nucleare, *di Luigi De Paoli*
Lo sviluppo sostenibile, *di Alessandro Lanza*
Abitare sostenibile, *di Giuliano Dall'Ò e Annalisa Galante*
Il risparmio energetico, *di Arturo Lorenzoni*
I rifiuti, *di Antonio Massarutto*
L'acqua, *di Antonio Massarutto*
Il cambiamento climatico, *di Alessandro Lanza*
Le cellule staminali, *di Maurilio Sampaolesi*
La procreazione assistita, *di Carlo Flamigni*
Le biotecnologie, *di Marcello Buiatti*
L'alimentazione, *di Ottavio Bosello e Vincenzo Di Francesco*
Anoressie e bulimie, *di Massimo Cuzzolaro*
Obesità e sovrappeso, *di Ottavio Bosello e Massimo Cuzzolaro*
Il sonno e i suoi disturbi, *di Elio Lugaresi*
Virus e batteri, *di Michele La Placa*
I farmaci, *di Stefano Cagliano e Alessandro Liberati*
Alzheimer, *di Angelo Bianchetti e Marco Trabucchi*
Il Parkinson, *di Ildebrando Appollonio e Marco Trabucchi*
Ricerca & Sviluppo, *di Giorgio Sirilli*

farsi un'**idea**

52.